大家小书

医学家卷

人生命运选

·

洪昭光

著

北京出版集团公司

北京出版社

洪昭光

心脑血管病专家
卫生部首席健康教育专家
首都医科大学附属北京安贞医院原副院长

序

1 100 年前，伟大的医学教育家威廉·奥斯勒（Sir William Osler）指出，医学实践的三大弊端在于：历史洞察的贫乏，科学与人文的断裂以及技术进步与人道主义的疏离。这 3 道难题至今依然困惑着现代医学及医疗的发展与改革。

但是，当我们阅读"大家小书 医学家卷"的这 3 位医学家的故事之后，为之怦然心动、为之慨然振奋——奥斯勒的难题是可以解开的，医学的困惑是可以释然的！

首先，我们发现，他们都具有共同的人格特点：敏学好求、知趣兼备、孜孜不倦。所以，他们虽然从事的医学专业不同，却都是本领域的佼佼者。

其次，他们都具有令人钦慕的心灵基础：对人，特别是对病人的善良、同情和关爱，对知识和技术的渴望及对真理的追求和理解，对国家、对民族、对事业的强烈责任感，思想、思索和思维的睿智。所以，他们的成绩卓尔不凡，他们的为人广受爱戴。

其灼热的行为闪光是：洞悉科学、潜心医疗、演绎哲理和深谙人文。我们又会从他们有趣的、耐人寻思的成长历程中，领悟其精神和意志、热情和勤奋。因此，他们不仅是光彩照人的医学家，也是硕果累累的科普作家，甚至是闻名遐迩的社会公益活动家，通过他们的故事，我们知道，"一个好医生应该是这样的"！

科学求真、艺术求美、医学求善，而医学正是把真、善、美结合起来的崇高而庄严的事业。几位大家做到了，我们都应该为之努力。在其中，我们满怀对生命、对病人、对医学、对自然的敬畏，这是一种令人诚惶诚恐的尊崇，一种对尊崇者神圣的惊叹。这也正是大家们最可贵的，也是值得我们每个人努力培养的气质。

　　我与这几位是同龄人，从医50余载，感同身受。读起他们的美文，备感亲切温暖，如醇酒浓香，回味无穷。我还以为，不论是资深医生抑或年轻医生，无论是医者抑或求医者，甚至各行各业的公众，都可以从中认识医学、认识医疗、认识医生；或者在我们梦想的世界里，既像他们一样恪守良知、担当责任，又像苏格拉底一样无忧无虑、和谐愉快。

郎景和

2013 年冬

前言：
让生活充满阳光，让人人快乐健康

我们生活的时代是中华民族历史上最好的时代、发展最快的时代、最生机勃勃的时代，但同时也是人们精神压力最大、各种疾病急剧增多的时代。就健康而言，我们面临4个"化"：人口老龄化，疾病年轻化，医疗过度化，健康碎片化。

人口老龄化。虽然这是一个世界趋势，不可抗拒，但可分为4种情况：健康老龄化是幸福，多病老龄化是痛苦，残疾老龄化是受罪，植物老龄化是灾难。我们的目标是尽量让更多的人做到健康老龄化。

疾病年轻化。现在许多儿童得了成人病，青年得了老年病，提前得病、提前死亡成为常见现象。20世纪70年代，世界卫生组织在27个国家进行的研究已表明：各国的心脑血管病流行趋势有3种类型：下降型、稳定型、上升型。我们的目标是要力争从上升型变成稳定型，再从稳定型变成下降型，绝不能让慢性病以"井喷"式发生。

医疗过度化。过度医疗是我国当前的一个重大社会问题，我们要通过卫生体制、机制改革，理顺关系，让医疗走上医患和谐、健康发展的道路。

健康碎片化。健康是道，不是术。健康是科学的理念和正确思想指导下的全面系统工程，而不是吃什么，不吃什么；喝什么，不喝什么；练什么，不练什么。更不是芹菜防高血压、南瓜防糖尿病、西蓝花防癌、活泥鳅治艾滋病、绿豆汤防百病等所谓的"偏方、秘方"。医学是由健康促进、疾病预防、医疗救治和疾病康复4个阶段组成。前两个阶段属健康范畴，后两个阶段属医疗范畴。前两个阶段犹如防洪工程中的植树造林与加高堤坝，后两个阶段犹如抗洪救灾与重建家园。研究表明：1元钱的预防投入可节省医疗费用8.59元，我们要用1元钱抓住上游，防止8.59元的下游。

改变生活方式不像修建一个大工程或治疗一种终身的慢性病，要花大笔金钱，而往往只要改变一两个观念，及早听到三五句行之有效的醒世良言，便可以不用花多少钱，就能收到显著的效果。最近我国公布的自1992年以来实行新生儿乙肝疫苗接种，共投入54亿元，却节省了2728亿元的医疗消耗，可见预防的力量。

这样，我们就能实现21世纪的健康新理念了：二十养成好习惯，四十指标都正常，六十以前没有病，八十以前不衰老，轻轻松松一百岁，快快乐乐一辈子。自己少受罪，儿女少受累，节省医药费，造福全社会。何乐而不为呢？

我们的人生一百年，其中滋味酸甜苦辣咸。来时人与人之间相差无几，走时却相差天地。这是为什么呢？其实原因就3个字：命、运、选。

一是命。全世界，人人命都不同，民族、国籍、家庭、社会、父母的遗传，千差万别。人只能认命，命占人生的20%。

二是运。人生机遇也不同，总体上是好运、背运约各占一半，风水轮流转。机遇来时，你能否发现和抓住是关键。

因此运气和机遇一半在天，一半在自己，也占 20%。

三是选。人生的关键是选择，这是人生的决定性因素。选择有很多，方向、道路、思想、理念、导师、伴侣、生活方式、事业、朋友、方法，等等，各个方面都有选择。一对一错，天壤之别，影响极大，甚至决定生死存亡。选，占 60%。

那么，怎样选呢？有三大要素——读书、磨砺和感悟。读书增长知识；磨砺才有体验，在实践体验中增长才干智慧；最重要的是感悟，即天天洗心，提升境界，完善自己。这是人生关键中的关键，即古人所说的读万卷书，行万里路，高人指路，天天感悟。乾隆皇帝在位 60 年，终年 89 岁，一生写了 4 万余首诗，无人记得。但临终前感悟的 4 句话却流传几百年：傲不可长，欲不可纵，志不可满，乐不可极。人人需要感悟，感悟使人进步，感悟是人生真正的财富。

尽管当前社会复杂，但人的心态却更重要，因为相由心生，境由心造。心里充满阳光，世界就一片阳光，人生就会辉煌。心里充满灰暗，世界就一片灰暗，人生就一定惨淡。

让我们用哲学认识世界，用科学观察社会，用医学珍爱生命，用国学对待人生。那么，你的人生就一定阳光，生命就一定辉煌。健康就在自己手中，我的人生我做主，我的健康我做主。2000 多年前，古希腊神喻"了解自己吧"，至今仍是真理。

一位读者说："书抵十万兵，课胜千般药，不花一分钱，健康一百年。"希望这本小书能带给大家一些清新的知识，像润物无声的春雨、别样红的荷花一样，让您在轻松的阅读中，在随意的浏览中，快乐地获得健康和幸福。

洪昭光

2013 年 12 月

目　录

我的
青少年

健康是自己的

生命是公平的：　　健康面前，人人平等，国王平民，全都一样

现实是无奈的：　　医疗面前，需要金钱，治疗不同，结果不同

健康是自己的：　　自己得病，自己病苦，自己受罪，家人流泪

身外是别人的：　　荣誉公家的，成绩大家的，金钱子女的，老婆人家

我出生在福建的一个小山村里，

在那里度过了无忧无虑的童年。

爸爸从海外回国后，

我们全家移居厦门，

随后又从厦门搬到了上海。

"十里洋场"的生活，

让我从开始的不知所措，

到后来慢慢适应。

我很幸运，父母非常重视教育，

为我创造了难得的学习条件，

让我能够接受良好的教育，

从而有机会为社会创造更多的价值。

5年"上医"，改变了我的人生。

山村童年，无忧无虑

1939 年 7 月，福建永春县的一个小山村添了一个小男孩，他是用土法接生的，身长体重都不详。他是这个家庭的第三个孩子，前两个都是女孩。母亲喜得男婴，非常高兴。为了生活，父亲此时已远去马来西亚谋生了。

抗战期间，日寇铁蹄下的中国农村生活极为艰苦。按照当时福建的习俗，一日三餐都喝粥，男女老少都光脚；只有下地的壮劳力，中午才能吃上一顿米饭。关于小时候，最美好的记忆就是每年大年初一早上，全家煮了一锅肉汤，其实就是一些杂碎和薄肉片，每人只能盛一碗。因我年纪最小，又是男孩，母亲总是先为我盛。吃完这碗肉汤，一整年都再没有肉吃，下一碗肉汤要等到明年，所以这点肉香让我终生难忘。

另一个美好的记忆就是"孟夏草木长，绕屋树扶疏"，"舍南舍北皆春水，但见群鸥日日来"。我的家乡山高水清，果树很多，屋前屋后种着龙眼、荔枝、桃、李等果树，后面小山上还有许多大松树，结着很多松果。屋前有一条小溪，里面有小鱼、小虾、蝌蚪、青蛙、螃蟹，有时还有白鹭、鸥鸟飞到水边嬉戏。每年春天，桃红柳绿，莺飞草长，景色更是迷人。沿着溪边走走，"乱花渐欲迷人眼，浅草才能没马蹄"。夏天的夜晚，在瓜棚下经常能看到萤火虫一闪一闪。我就在这样美好的自然环境中长大，经常爬树、玩泥巴、捉昆虫……直到现在，我还是深深地热爱大自然，喜爱树林、山川，家中还养着各种花草鱼龟和小昆虫。这是由我从小的生活环境

● 作者（左二）与兄弟姐妹童年时的合影

决定的。

　　不愉快的记忆当然也有。那是一年秋天，大人们拦河筑坝，竭泽而渔，大人孩子都不亦乐乎地下河摸鱼。天快黑了，我在河底的一块石头旁看到一个像是鱼头的东西，似乎还在张口呼吸。我当时才4岁，也不敢去抓，只好大叫："快来啊，这是什么呀？"一位叔叔过来，他看了看，故作镇静地说："没有什么。"然后，他一把抓起鱼头，一条大鱼活蹦乱跳，至少有四五斤的样子。他乐呵呵地拿走了鱼，嘴里还念叨着："今晚到镇上去卖个好价钱，沽壶酒好好喝喝。"我心中难受极了，欲哭无泪，心想要是我爸妈在该有多好呀！回到家，我向妈妈哭诉，妈妈倒是觉得没什么，只是摸摸我的头安慰道："不要紧，一条鱼不算什么。你好好读书，将来比他有出息！"这是70年前的事了，但至今仍历历在目。

妈妈只上过小学，但受爸爸影响，会背一些诗词，会讲故事，并常用来教育我们。其中有一首诗给我印象较深："谁道群生性命微，一般骨肉一般皮。劝君莫打枝头鸟，子在巢中望母归。"劝诫人们春天不要上山打鸟，要关爱动物。

5岁时，妈妈送我上小学，我当时又小又瘦，有时老师讲课时就让我坐在她腿上。我至今仍记得小学一年级语文课本上的第一篇课文，一共就两句话，12个字："来，来，来，来上学。去，去，去，去游戏。"我还记得，一年级我是第一名，二年级就成了第二名，三年级变成第三名。由于爸爸不在身边，没有人管教我，我也很贪玩，爱跑爱跳爱爬树，一次摔得左肘关节脱臼，另一次摔得左肘脱臼伴内上髁骨折，还有一次是最厉害的，摔了一个脑震荡，昏迷约15分钟。

抗战胜利后的1945年，爸爸从南洋回国，我们一家搬到了厦门，住在一位华侨富商的豪宅里。那是一栋漂亮的别墅，主楼分3层，有彩色的玻璃窗，有电话。辅楼分2层，也有10余间屋子。花园很大，不但有许多树木花草，还有坚固的防空洞。在鼓浪屿，我们也有房子，当地的亲戚们经常往来。那一段时间，我穿的是爸爸从海外带回的当时叫"香港衫"

的新式衣裤，也不再光脚了，还第一次吃到了巧克力和各种花样的糖果。但是，突然有一天，我头痛发烧，脖子发硬，到医院一查原来是得了急性脑膜炎，病情危重。幸亏当时厦门已有进口的磺胺药，不然，我可能早上西天了。

十里洋场，不知所措

1947 年秋，我们从厦门搬到了上海这个五光十色的"东方巴黎"，住在锦江饭店附近的凡尔登花园。一个从小光脚、刚刚穿上鞋不久的农村小男孩，初到上海，整个人都蒙了！当时上海人很歧视外地人，把外地人都看作是"乡巴佬"。老师讲课只用上海话，同学之间交流时也都用上海话，我一点儿都听不懂。所以，刚开始我没有朋友，也不知道该做些什么，只是一天天地傻坐着。

有一次，我的作文还被当作"反面教材"当众宣读。那回我写了一次很难得的经历：我们从厦门第一次坐飞机来上海，途中因雾霾迫降南京，然后又再次飞往上海。同机的人中还有一群美国大兵，他们在飞机上发生了一些好玩的趣事。本来可以写得妙趣横生，结果被我写出来却是平淡乏味，毫无可读性。老师的评语是：题材很好，写得很糟。真可惜！相反，一些同学只是游了中山公园，却因写得生动，受到表扬。

年终考试，全班 59 名学生，我排第 55 名，几乎要留级。爸爸很重视对孩子的教育，一看我的学习成绩这么差，着急了，赶紧买了上海最好的西式精美大蛋糕，送给每位老师一份。此后，爸爸请了学校里教我的老师当家庭教师，来家中给我补课，我终于一步步追到前 10 名左右。当时由于内战，饥荒难民很多，学校常发动慈善募捐。我爸爸是银行经理，热心慈善，总是带头捐助，数额又大，校方因此多次表扬我。到快毕业时，我也扬眉吐气，成为了管理低年级学生的"监护生"小组长，变成了信心满满的地道"上海人"。

大家小书

医学家卷

顺利成长，风云突变

小学毕业，我考上了有名的上海震旦大学附中，这是一所法国教会学校，其附设的医学院即后来的上海二医的一部分，附属医院即广慈医院，后改为瑞金医院。

当时的初中，学习很轻松，每天下午两节课，3 点 10 分下课。学校操场很大，有大小两个足球场，还有一个博物馆。我因 11 岁就上了初中，个子矮小，有时难免受人欺侮。那时我正好读了小说《水浒传》，大受武艺高强的水浒英雄的影响，从此爱上了体育，包括足球、跳远、单双杠、投掷、体操等项目。很快我的体质增强，肌力大大提高，还学会了一

● 中学时代的作者

● 作者（左二）与兄弟姐妹青年时的合影

些小武术及杂技，如单手引体向上、卧鱼、顶竿、拳术、双手抛球等，再也没有人敢欺侮我了。直至高中，我喜欢上生物、物理、化学等课程，尤其喜欢养小动物，比如小鸟、鱼、虾、昆虫等。中学6年快乐得如鱼得水。

但是天有不测风云。高三下学期，1955年12月的某天傍晚，区法院突然来了10余个法警，宣布有人因经济纠纷起诉我父亲，法院受理，要抄家。直到半夜12点，家中一切财物被封存，存款交出，父亲被捕。因为毫无预兆，真像是一场噩梦。后来收到一封判决书，父亲被判5年有期徒刑。当

● 作者的父亲和母亲

时父亲立即上诉，不到半年，上海市第二中级人民法院进行了复审，宣判父亲无罪，当场释放。虽然冤案平了，但家庭元气大伤。

1956 年，我高三毕业，想报考理工科，学习物理或机械工程。因痛感百余年来，中国受尽列强欺凌，皆因国防太弱。

那时候听说德国的仪器特别好，大炮里边的光学仪器用的是蔡司的光学镜头，可做最好的望远镜。我就觉得学物理将来能为国家做一点贡献。但父亲考虑再三，认为医学是积德行善、仁心仁术，什么时代都需要，就劝我和姐姐一样，报考上海第一医学院（简称上医）。此时，我姐姐已考入上医，在读一年级。后来姐姐被分配到中国医学科学院肿瘤医院妇癌科，成为教授、主任医师。于是我顺从父愿，报考了上医。而弟弟3年后也考上了上海第二医学院儿科系，后来成为上海交通大学医学院附属新华医院儿科主任、博导、副院长及世界卫生组织儿童生长发育合作中心主任。

我很幸运，我的父母非常重视教育，为我们创造了难得的条件，让我们姐弟三人能够接受良好的教育，从而能够有机会为社会发挥自己最大的力量。我感到，虽然人和人之间有先天差别，但这不是决定因素，后天的环境教育、机会和悟性才是真正的关键。

上医精神，受益终身

1927 年，由我国著名医学教育家颜福庆创办的国立上海医学院，是中国人自己创办的第一所国立医学院。1956 年，国务院聘任上医的 16 位教授为一级教授，此时，上医一级教授的人数在全国仅次于清华大学。上医的精神是"正谊明道""严谨厚实"和"为人群服务"。颜福庆还特意请黄炎培先生为上医撰写了校歌："人生意义何在乎？为人群服务！服务价值何在乎？为人群灭除痛苦！"

创院伊始，颜福庆院长就规定了办医育人准则：不追求个人的名和利，但要追求为人群、为民族的大义；要以义克利，培养医德高尚，医术精湛，能施仁术、布仁心，有博大胸怀的医学家。所有医学生必须去卫生事务所实习，为人群服务。上医建立了我国第一个公共卫生实验区，在医学院办公共卫生系，为人群健康倾注大量心血。上医的公共卫生系直至近年一直是全国公共卫生学的翘楚。更可贵的是，上医的医学人文更是上医学子无比珍贵的一笔精神财富。上医把预防和为人民服务看作是医学的精髓和基础。

医学人文不是综合性大学文科教授能教出来的，它必须是由精诚的医学大家用自己的榜样力量，言传身教，潜移默化出来的。它不是简单的知识灌输，而是春风化雨般的心灵滋养，它是医生最宝贵的品德。上诊断学的课程时，老教授说，病人一进门，看他的走路姿势、体态、面部表情和气色，就能知道七八分病情；年轻女子，一看走路样子，就能大体知道是否怀孕；天冷查房时，听诊器要先在手中焐暖后再放到病人的胸

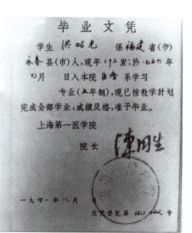

● 作者的上医毕业文凭

口上，然后还要帮病人把衣服扣好，有时甚至还要动手把病人的鞋子放在最合适的位置上；检查腹部时，手的姿势如何配合呼吸、如何由远及近，在这些细微的动作中，包含着对病人的关爱和对痛苦的关切。总之，你看的是病人，而不是病。

　　人文关怀，上善若水。教书育人，感人至深。唯有真正的医学人文，才能真正做到以病人为中心。医学是人学，医学有人情。医生有感情，医患有真情。

　　5年上医，改变了我的人生。我由一个懵懂的中学生变成了一个医生。知识、技能、眼界、心胸、境界都发生了巨大

变化。我暗暗下定决心，一定无愧于上医对我的培养，一定无愧于上医的精神文化，做一个有益于人民的人。

我和

降压

0号

健身八宝粥

日行八千步，夜眠八小时。

三餐八分饱，一天八杯水。

养心八珍汤，强体八段锦。

米寿八＋八，茶龄百零八。

20 世纪 60 年代，

在我到工厂行医期间，

一次偶然的机会，

我治好了华罗庚的胃溃疡。

在他的启发下，

我继续研究如何治疗高血压。

有一个工人曾跟我开玩笑，

如果能发明一种药，一天就吃一片，该多好。

他的话启发了我，于是我开始思考，

能不能把几种对治疗高血压有用的药物综合在一起，

使得药效长一点，副作用小一点，

达到一天吃一片就管用的效果？

在运筹学、优选法的启示下，通过不断的尝试，

终于研制出了"降压 0 号"。

下到工厂培养红医工

1961 年 8 月，我从上海第一医学院（现在的复旦大学上海医学院）毕业，被分配到北京朝阳医院工作。我本来是学临床医学的，后来搞过流行病调查，搞过公共卫生、疫病预防。1970 年，按"六·二六指示"精神，北京朝阳医院的医生组成了医疗队，下到工厂和农村，我去了东郊的工厂。车间里有人头疼脑热、得个小病，我们随时就处理了，省得他们到大医院去排队挂号。到现在，我始终认为，这种医生不脱离基层的制度是好的。国外也有相似的做法，鼓励医生给底层的贫困人群行医。

下工厂的医生除了给工人提供治疗、培训医务室大夫外，另外一个任务是从工人中培养"红医工"——挑选年轻、勤奋、品德好的工人，脱产学习医学知识。

那时候各个工厂都很忙，厂长怕影响生产，不愿意放人，这就需要我们去做工作。结果，有的医生好像是在给厂长下任务：你们抽一些工人，我们来给你们讲课；讲完课以后，你们的工人就省得上医院来看病了。这时厂长就会说："生产忙得要命，还要抽人去学医；他也当不了医生，工人有病了，你们倒是省事了。"总之，很不情愿。这是因为医生根本没有把道理讲清楚，没有把感情放进去。

而我去跟厂长做工作时，会说："党和国家非常关心咱们工人师傅的身体健康。为了体现党的温暖，特别派出最好的医生组成医疗队来工厂，为咱们工人培养自己的红医工。有一点小病能够就地看，又省时间又省事，对生产方面有很多好处呢！"这么一讲，厂长马上高兴了，也就支持了。因为我把道理讲清楚了，把感情投入进去了，结果我的小组到各个工厂都受欢迎。这件事让我悟出：与人交流，语言非常重要。

　　培养红医工的另一个关键是会不会讲课。会讲的人，一

● 作者在东郊工厂医疗队

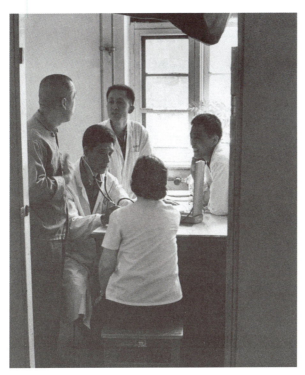

讲工人都懂；不会讲的，讲半天工人也听不懂。所以我就琢磨怎样才能把课讲得生动。对于来自"接地气"的群众语言我都很有兴趣，总会有心地去收集和运用，所以受到工人群众的欢迎。这也为后来我开展健康教育打下了一定基础。

接下来，我去到任何一个工厂，都得到大力支持，因为厂长、车间主任都觉得我做得很对，有意义，要全力支持。工厂还专门给我配了助手，有一个队伍在支持我的工作。如果没有厂长、车间主任、医务室主任的支持，如果没有大家的主动性，一个医生单枪匹马地干绝对不行。

作者在 10 省市心血管病人群监测及明尼苏达编码学习班上讲课

　　所以你要做事，得先会做人，把你的思想融汇在群众中，使得上上下下团结一致，拧成一股绳。在下工厂的过程中，我对如何与人相处、如何做人的思想工作、如何团结大家一起工作，有了进一步的理解。

治好了华罗庚的胃病

在工厂，我给工人看病，和他们相处得非常愉快。通过接触，我慢慢发现工人们非常淳朴和辛苦，他们当中患高血压、胃溃疡的人较多。我就开始研究这两种病，感觉这两种病不容易治，比如有了高血压就要吃一辈子药。

最初，我先试着用中西医结合的方法治疗胃溃疡，没想到效果出奇的好。于是人们口口相传，由工人传到厂长，由厂内传到厂外，我也有了点小名气。

1972年2月，美国总统访华，两次国宴的名单中有华罗庚，后来名单上了报纸。那个年代正是"文化大革命"期间，很多知识分子被打倒了，能够出来工作的知识分子少而又少，这么一登报，他的命运就发生了转折，声誉也更高了。

可是，当时华罗庚的胃溃疡犯了，到处求医都治不好，请示领导以后，他想到我这儿来看病。当时我给病人治疗没有什么条条框框，就是自己尝试。我按照中西医理论配了一种药，其中有两味中药——甘草粉、海螵蛸（即乌贼骨），再加两味西药——阿托品和维生素U。我把这4味药磨成粉末，混合在一起，让华罗庚冲水喝。然后用普鲁卡因皮内点状封闭。结果，原来天天胃疼的他，喝了两天药胃就不疼了，他因而喜出望外。

当时我研究胃溃疡，就是觉得光靠西药不行，光靠中药也不行。我始终认为，中西药就是左右手，中药是手，西药也是手，两手握拳就有力，两拳配合就更有力，效果就会成倍增加。

工人的话给了我启发

研究治疗胃溃疡的药之后，我继而研究治疗高血压的药。当时我只是一个小大夫，但是我有一种钻研精神，实事求是地分析治疗这两种病的药物究竟什么成分最有效，什么成分是无效的，然后把有效的成分组合起来。

华罗庚听了我的想法很高兴，就跟我聊天。我说，现在最头疼的是高血压，治疗起来太复杂，药物又多，效果不好。多少年了，多少医生在忙活，可是效果还是不好。

回来后，我就琢磨这件事。后来我发现，常常有些工人讲，没有时间吃药，因为吃药太复杂，一回得吃三五种，太麻烦。有一个工人开玩笑说了一句话：你要是能发明一种药，一天就吃一片，那多好。

这句话给了我一个启发。在 20 世纪 70 年代，虽然已有复方药，却没有这种一天一片的药。那时，全都采用美国学者的阶梯疗法。整个疗程分为 4 个阶梯，每个阶梯有几种药，一种一种试下来要几个月，病人没有耐心，怎么办？我慢慢想，能不能把几种对高血压有用的药物成分组合在一起，使得服药次数少一点，药效长一点，达到一天吃一片就管用的效果。这其中有两个难题，一个是有效成分怎么组合，另外一个是药效怎么从短效变成长效。

这时，我想到古老的中医。中医很讲究配伍用药，使药物之间取长补短，相得益彰。既增强疗效，还互相抵消副作用。中医的用药思路也可以用在研制西药上。

用集成创新的方法研制出了降压0号

解决难题，研制新药，首先需要有一个明确的思路，知道各种药物的优势都在哪里，如何组合起来，让它们扬长补短、有效搭配。就像盖房子，思路要清楚，有规划、有蓝图，还要找到正确的材料。

其实研制治疗胃溃疡的药跟研制降压0号都是这个思路，就是集成创新。药物的原始创新，要有极大的投入，包括资金和时间，而集成创新则简单得多。

我发现在治疗高血压的药物中，利血平的药效时间长，可维持一周，其他的药都是短效的，所以我就把利血平当"骨

● 作者在北京安贞医院指导工作

干"。但是因为它有一些副作用，所以许多人平常很少用这种药。其实如果用量小，它的副作用并不明显。当时人们不爱用这种药，还因为它的药效需要很长时间才能显现出来。因而它的优势和劣势都在时间效益这个方面。用得好，劣势就能转变成优势。

既然这样，我就试着把利血平的剂量减小，原来的常用量是 0.25～0.5 毫克，我改用 0.1 毫克，是原来药量的20%~40%，这样副作用就显现不出来了，药效可以通过别的药物来增强。这样，我用组合的方式发挥了它的长效优势，用减小剂量的方法回避了它的副作用。然后，再加用其他速效的药物。这个思路有点类似做钢木家具，用人们喜欢的木材做面，用更加结实的钢材做骨架，扬长避短，得到了既美观又结实的钢木家具。

另外，我还用了小量双氢克尿噻、氨苯蝶啶和肼苯哒嗪这 3 种成分，与利血平共同发挥降压作用，还相互抵消副作用。由于高血压病人常有情绪不稳，我又用 1/4 剂量的利眠宁以调理其植物神经，使之减少焦虑，协调稳定血压。由于配伍合理，总体上就取得了良好效果。

华罗庚教授点拨我用运筹学和优选法研制新药

那么，华罗庚教授在降压0号的研发中，究竟起了什么作用？当时我遇到的问题，就是可以降压的药物种类太多，该怎么构思组合。华罗庚教授建议我使用运筹学和优选法来处理这个问题，他说：运筹学是整体战略设计，很关键。

华罗庚教授给了我一本《运筹学》，里面讲什么是运筹学，它在工作、生活中有什么作用。书里讲了一个烧水喝茶的典型例子。一个人想要喝茶，需要准备茶叶、茶杯和茶壶，还要烧开水，这过程中如何合理安排时间，就要用到运筹学

● 作者在北京安贞医院诊察病人

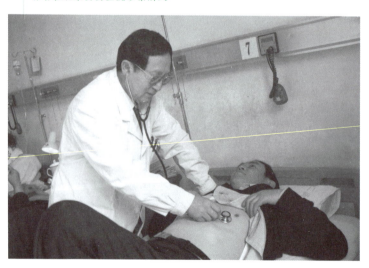

原理。

研制降压０号的具体操作过程也花了很长时间，前后选出了不同排列组合的二十几个配方，这些不同的排列组合方案，要反复地实验。这个过程是在工厂完成的，就在当地的土药房里（土药房设在北京仪器厂内）。

降压０号研制成功以后，给工人试用，效果特别好，一天只吃一粒，两三天就可以见效。渐渐地，我的名气越来越大，不但工厂的工人找我看病，各方的领导也慕名而来，降压０号在百姓中渐渐有了口碑。

曾经有一个病例特别有意思。病人是一个工人，吃药吃了很久还不见好，我感到很奇怪。最后我们很诚恳地跟他谈心，他才说了实话："其实我根本没吃药，那天上老岳母家去，老岳母血压高，哪儿都治不好，我就把这个药当礼物给老岳母了。"——原来是女婿把药当礼物敬献给老岳母了，老岳母好了，他不告诉我们，害得我们把配方改来改去，还好最后他说实话了。这个病例更强有力地证明了新药的有效性，老太太血压高了那么多年，吃这个药也有效。

吴英恺教授促使降压0号成为国字号的新药

当时降压0号虽然在民间流传开了，受到广泛欢迎，但还只是在局部地区使用，范围很有限。另外，土药房生产的药并不能进入国家的药典。吴英恺教授在促使降压0号进入国家药典，成为能够大批量生产、被患者广泛使用的降压药物上发挥了关键的作用。

当时吴英恺教授是我国权威的心血管病医院——北京阜外医院的院长，他带队在西郊的首都钢铁公司巡诊，和工人同吃、同住、同劳动，也想把高血压治好，他也面临同样的问题。

我所在的国棉厂的纺织工人算轻工，钢铁工人是重工，

● 作者（左一）与吴英恺教授（左四）的合影—

● 作者（左四）与吴英恺教授（左二）的合影二

这两类工人中患有高血压的都不少。当吴英恺教授听说我发明了一种治疗高血压的药，效果不错，就来问我情况。我让他试用一下。他便把降压０号用在首钢工人身上，也收到很好的效果，一天只用一片，80% 的患者都有效。用吴英恺教授的话说，这种药解决了困扰我们几十年的顽疾。

后来他说只有他信不行，需要推广。在当年召开的全国高血压病防治座谈会上，他说："我们这么多年没有解决的如何治疗高血压病的难题，让一个很年轻的小大夫解决了，他发明的一种药一天只用一片，治疗效果非常好。"

吴英恺教授带着全国的参会代表参观当时我开展群访群治工作的北京国棉一厂。以前，全国会议的代表到北京开会都是参观专业的大医院——北京阜外医院，哪有到工厂医务室参观的？

参观完了以后，吴英恺教授深受感动。他觉得光自己信不行，会议代表信也不行，还需要卫生管理部门重视，才能有成效。于是，他亲自写信给卫生部，以个人的名义，建议把降压0号作为首选降压药向全国推广，因为它符合中国国情，简便、有效、安全、价廉。卫生部一看是吴英恺院士的

亲笔信，很重视，研究以后以红头文件下发到北京市卫生局，而市卫生局再以红头文件正式把降压０号列入药物的官方名册。至此，降压０号成为国药，由当时北京最大的制药厂——北京制药厂（其前身是八路军制药厂，现在是双鹤制药公司）生产。降压０号终于走向市场，成为国家准字号药品。

北京市政府及相关部门很支持推广这种新药，因此降压０号开始的定价很低，每片的价格只要１分１厘钱。后来随着经济的发展，慢慢变为每片３毛钱，最后变成８毛钱。它从最初的年产1000万片，发展为5000万片，后来到１亿片，再后来年产２亿、３亿、５亿片，现在是年产12亿片，比最初的年产量增长了120倍。

回想降压０号的研制过程，这样一种适合中国国情、造福广大患者的新药，其创新的思路（合理配伍），创新的剂型（一天一片），在当时的高血压治疗上是中国首创，国际领先，为国争光的。华罗庚教授是降压０号之父，吴英恺教授是降压０号之母，我只是降压０号的助产士而已。

2013年12月，在"第九届百姓放心用药调查评选活动"中，北京降压０号喜获百姓安全用药"放心药奖"。

美国
留学

世界是公平的

没有付出，没有回报。　一分耕耘，一分收获。

世上没有，免费午餐。　世上没有，天上馅饼。

世上没有，无故健康。　世上没有，无故疾病。

善有善报，恶有恶报。　树都有根，水都有源。

20 世纪 80 年代初，

国家开始举办出国留学或访问学者的考试。

经过艰苦的学习和层层选拔考试，

1981 年 10 月，我终于获得了宝贵的留学机会，

赴美国芝加哥西北大学医学院

做访问学者，为期 2 年。

到美国后，

在领事馆，在大街上和医院的病房里，

我的"文化休克"屡屡发生。

在那里，我体会到美国学者的科学精神。

我的导师 J.Stamler 教授，

他的专业能力以及非同一般的远见卓识，

给我留下了深刻印象。

全市选拔，名列第一

在20世纪80年代初，国家开始举办出国留学或访问学者的考试，当时教育部给北京市卫生系统4个名额，内科、外科、妇科、儿科各一个人。1980年，我作为北京市的内科医生，参加了初试、复试。最后选出的4个人在教育部进行决赛。决赛中我的英语考了77分，其余3人分别为74分、73分、72分。业务成绩由各医院的院长认定，直接推荐。选拔出的人选还要再参加一年的英语培训，才能正式作为访问学者踏出国门。

回想当年我的英语能考出这个成绩着实不易，因为当时医学院都是教俄语的。那时候"文化大革命"刚刚结束不久，经历过的人都知道，在"文化大革命"时期还能坚持学习，特别是英语学习的人简直是凤毛麟角。记得有一次我去北京协和医院找一位同学，那是一个晚上，协和家属院里静悄悄的，我却看见至少十几个人正在路灯底下看书，还小声地念出来，他们是在学英语。这给了我很大的触动，我真的很羡慕他们这种学习气氛和学习环境。我想，我要是也坚持学习英语，将来有机会到国外深造一下也挺好，可以去看一看外面的世界什么样。

20世纪六七十年代，我住在南池子大街东华门的一个大杂院里。邻里之间关系都不错，但就是人多地方小，比较吵闹。夏天的时候，邻居们都愿意拿个大蒲扇，坐在不大的院子中间"侃大山"。孩子们也喜欢在院子里追跑打闹，不亦乐乎。而我为了学习英语，把门窗关得紧紧的，否则外面的说话声、吵闹声让人根本就看不进书去。三伏天我也这样，不一会儿，就热得汗流浃背。就是在这样艰苦的环境中，我挥汗如雨地背诵单词，学习英语，一本字典都快被翻烂了。后来，我的姐姐帮我找了一位英语老师。很快，我的英语水平就得到了大幅提高，在那次考试中考出了一个比较好的成绩，争取到了来之不易的出国留学机会。

初到美国，"文化休克"

1981 年 10 月，受教育部选派，我赴美国芝加哥西北大学医学院做访问学者，为期 2 年。

出国前，根据高教部的统一安排，我先在北京语言学院进修英语 1 年。当时学到一个词叫"文化休克"，意思是由于文化风俗不同造成的"震荡"，大致相当于通常所说的文化"水土不服"。由于有了一定的思想准备和外语准备，我原以为自己不会太"休克"，但事实不然。在美国期间，我不但对很多事情感到不可思议，甚至还真的"休克"了几次。

当波音 747 飞机降落到纽约肯尼迪机场后，我们被接到

● 作者在美国做访问学者时的留影—

大家小书

医学家卷

中国驻纽约总领事馆，到达时已是当地时间晚上10点。休息片刻后，领事馆工作人员带我们去吃夜宵，不但免费，还不收粮票！主食是鸡汤煮面，竟然还有鲜美的海螃蟹。难以想象的是，离开餐厅前，我们看到有一个大筐，内有黄澄澄、又大又漂亮的花旗蜜橘，每人自取一个。更神奇的是，上电梯时，有一个领事馆的女职员，手里端着一饭盒煮熟的鸡蛋，大家互不认识，她见大家初来乍到，很礼貌地说："刚煮好的，大家一人拿一个吧。"当时，我只觉得似乎在做梦，我已经几年没吃过这么大的螃蟹了，鸡蛋还随便给。后来想想，当时我大学毕业已工作20年了，每月工资才56元5角，平均每天工资约1元8角8分（当时1美元约合人民币2元），还不到1美元。夫妇两人一天的总收入不足2美元，还要负担两个孩子和老人，自然是吃不上螃蟹和鸡蛋的。

在纽约休息了几天后，一位领事馆工作人员很热情地带我参观了联合国大厦。因为他有外交证件，可以一直进入联合国大厦大厅，直至主席台的位置。但遗憾的是，我们俩都没有照相机能留个影。对当时的中国人来说，照相机算得上是一件奢侈品。

入夜，华尔街的高楼大厦灯火通明，街道上车水马龙，来往行人肤色各异。超市内尽是新鲜的菠萝、香蕉、芒果等热带水果，大冬天有这些热带水果卖，几乎不可想象。而1981年的北京，冬天的菜市场里冷冷清清，卖的主要就是白菜、萝卜和土豆。晚上8点后，灯光暗淡的大街上寒风凛冽，行人稀少，汽车就更少了。不仅如此，当时粮食、布料和绝大多数东西都要凭票供应。那时我想，中国要赶上美国，恐怕至少需要几百年。真没想到，改革开放35年，弹指一挥间，神州大地到处都是高楼大厦、高速公路，满街汽车和商场、超市，真的是梦一般地换了人间。

虽然有以上那些令我震惊的场面做了铺垫，我的"文化休克"还是发生了，不过不是在街上，而是在病房里。在我们国内的医院里，医生查房时，主任、副主任、高年主治、低年主治、住院医生、护士长按资历排序，没有一个人敢越

● 作者在美国做访问学者时的留影二

位。一个小大夫，不能走在主任的前面。在美国医院里查房却完全不同，大夫们毫无拘束，非常自然，没有尊卑之分。

还有一次我去参加一个学术讲座，人多座位少，只见实习的小大夫在前排翘着腿坐着喝可乐。主任因有事来晚了，已无座位。于是，主任面带笑容，极其自然地坐在了前面的地毯上。没有人让座，大家都觉得很正常，唯有我百思不解。

另外，美国医生对病人非常和蔼、亲切，像朋友一样热情，不但言行举止很礼貌，连微笑都是自然地流露。一次上级领导来查看病房，要进门时，正好推来一位病人。我们的习惯是领导优先，病人先等着。美国人正好相反，没人说话，没人指挥，全体自觉让开，病人优先。在这里病人是至高无上的，是真正以病人为中心的。

更让我吃惊的是美国学者的科学精神。心血管病流行病调查的最基本手段是测血压。我当时是已有20年临床经验的心内科医生了，到了这里却没有资格测血压！真让我困惑。他们说这是统一规定，各国来进修的医生都一样，都要考证！没有证书就不能测血压。考证要过5关，一般要2~4周时间。从学理论、看录像、听录音、学习使用双人听诊器，到随机零点血压计测试，查看测量有无"零偏好"等。天啊！铁面无私，一律平等，一丝不苟。更令人惊奇的是，研究过程中，每位测血压的人员都是与本研究项目完全无关的独立人员，以排除偏见。测血压时要严格按要求进行：环境安静；屋内要保持一定温度；被测人员先休息15分钟，且不能喝咖啡；测量时，被测人员坐的凳子不能太矮，要正好脚跟着地；测前，被测人员还要先排尿，等等。而我们在国内测血压，一间屋子里乱哄哄地挤好多人，像市场一样。一上午测好几十人，测的血压常常不是 140/90mmHg，就是 130/80mmHg，不然就是 120/70mmHg，"零偏好"现象特别多，不像美国医生测出来的结果都精确到个位数字。

总之，我扪心自问后，才深深感悟到什么叫科学态度，什么叫科学精神，什么叫科学研究，什么叫认真二字。我觉得虽然我在国内参加过许多次高血压流调、普查和防治工作，还得过奖，也算小有名气，但在真正的大师面前，我其实只是个门外汉，我真心感到惭愧。如果想要做真正的科学研究，样本的代表性应当真正"随机"，而不是"随意"，一切程序操作一丝不苟……我应当脱胎换骨，从头学起才行。

更让我"休克"的是一件有惊无险的趣事。有个周末，一位从国内来的朋友来看望我们。正当大家准备吃饭时，他变得神色紧张、坐立不安起来。一问才知道大事不好，他的钱包丢了。里面的钱是小事，最要命的是所有证件都在钱包里。大家都忙着帮他找，从屋内找到屋外，从大街找到小巷，直到天黑，一无所获。不但晚饭没吃成，大家的心情也很沮丧。没想到，天刚亮，我们屋里的电话铃响了，是那位朋友的大学教务长打来的电话。教务长说有人捡到了我朋友的钱包，捡钱包的人怕失主着急，立即给学校打电话，并表示要亲自送来，怕丢钱包的人路不熟不好找。几乎没人相信，在

大家小书

医学家卷

这个资本主义国家里，竟然有"雷锋式"的好人！

我们带了一些小礼物，赶紧去感谢那位拾金不昧的好人。见面寒暄后，我们一再问他，您这样的好心，究竟是向谁学的？是学的雷锋，还是王杰、欧阳海？当时这三个人是全中国人民学习的英模，他竟然一脸茫然。经再三交流，他终于明白，我们是想了解他为何做这样的好事。他淡淡地说，这是应该的，不用什么感谢。我们还想刨根问底，最后他说出了心中的秘密："我就是向你们中国人学的。"原来中国老子的《道德经》是他大学的选修课，他以《道德经》作为自己的精神支柱。他随手拿出一本中英文对照的古色古香的《道德经》，上面写着"这是世界上仅次于《圣经》的、流传最广的古代圣书"。他把这本书作为礼物送给了我，这本联结中美两国人民友谊的书也一直是我的精神支柱之一。

在美国待了一段时间，我的"文化休克"仍没有结束。有一天，我的导师 J.Stamler 教授带我去参加当地一家公司举行的午餐会，让我亲身感受到了西方谚语"一两预防胜过一磅治疗"的真正含义。总经理面带笑容，给近年不得病的健康职工发奖：一人一件 T 恤、一只网球拍，还有一个信封，里面有一张支票，是象征性的少量奖金。大家为健康职工鼓掌，都很高兴。

我回来一想，这个美国经理太聪明了，他奖励健康，不奖励病人。他的公司里有健身房、游泳池、网球场，他鼓励大家多运动，争取大家都健康。而我们国内医院的领导们，过年过节看望的都是老病号，病越重，越去看他，健康的人反而没人关心。我的意思不是说不要关心有病的职工，而是说，也要多关心健康人，加强预防，增强体质，让大家少得病、晚得病。投资健康才是有远见的明智之举。

更大的"休克"还有呢。有位年轻的医生请我上他家玩，他住在底特律，房子的面积很大，外面有大花园、有湖，花园中有小木屋和别墅，湖上有各色游艇，几乎难以想象。他生活在单亲家庭，母亲希望他毕业后留在自己身边工作，一切家产都归他。但他执意远走高飞，要去迈阿密，从头开始，自己创业，视亿万家产如粪土。真是难以理解。

有远见卓识的美国导师

我在美国的导师是 J.Stamler 教授，吴英恺教授的老朋友。在美期间，我和与我同来的北京阜外医院的教授在生活上的一切都承蒙他照顾。他当时是芝加哥西北大学医学院的主任教授，是"中美心血管病合作研究规划"的美方首席科学家，中方首席科学家是吴英恺教授。J.Stamler 教授因发表了 900 余篇研究报告而蜚声世界，并荣获美国医学会终身成就奖。

J.Stamler 教授是一位美籍犹太人，年轻的时候爱打美式橄榄球，有一次把股骨头撞断了，导致跛行，不能当医生了。因为美国要求医生形象要好。他很聪明，那么究竟聪明在什么地方呢？用以色列总理内塔尼亚胡的话说："我们希伯来语有一句古老的谚语——用头脑而不是用肌肉。"所以虽然他身体有残疾，但这不妨碍他事业上的发展。

美国自从第二次世界大战以后，生活环境的变化带来了生活方式的变化——经济富裕，生活水平提高了，人们普遍变胖了，血压也升高了。善用头脑的 J.Stamler 认为，这是整个社会面临的宏观大问题，值得研究一下。为什么心血管病大范围增加？如何才能预防控制？

于是，他开始了心血管病流行病学研究。本来心血管病并不常见，现在一下子流行起来了，他想找到其中的规律。过去，一些传染病如疟疾、伤寒等被称为流行病，二战以后生活好了，心血管病一下子成了流行病。当时人们没有这方面的意识，包括 J.Stamler 的老师、同学都不看好他的研究。

● 作者的美国导师 J.Stamler 教授

他们认为，在社区中量量血压、验验血、做做流调，是不会有什么结果的。没想到，这个当年最不起眼的同学，20 年后，做出了美国医学史上最杰出的成就，使美国的心血管病流行病学的研究在世界上一枝独秀，遥遥领先。事实证明，J.Stamler选对了方向。世界上选对方向和道路的人是最聪明的人。当年，李政道教授在中国科技大学研究生院做报告时就说：在做科研时，方向最重要。选对方向，精彩一生。J.Stamler 教授是一个开拓者，他有远见卓识，而且是"非同一般"的远见卓识。虽然他的身体有残疾，但事业上的成就却远远超过

了他的同学和老师。他永远精力充沛，目光炯炯。

有一天轮到我讲课，主题是"针灸在中国"。那时，在国内，若是进修医生、住院医生讲课，主任、主治医生都不会来听的。我心想，这次只是例行安排，像我这种进修医生讲的课，不会有多少人来听的。万万没想到，J.Stamler 教授不但早早来了，而且坐在第一排，还很认真地问了好多问题。他不是刁难，提的问题都是探讨性的，比如他问我关于针刺的安慰剂效应。给病人做针灸麻醉时，有的病人也许碍于面子，医生扎针的时候即使疼也说不疼，这会不会存在心理暗示作用？我就用吴英恺教授曾报告的"马的动脉交叉循环止痛研究"及美国人自己做的"针灸与内啡肽的止痛研究"来说明，针灸止痛确有科学的生理生化基础。

我说，过去曾有人用马和兔子做实验，因为比较客观，扎得疼或不疼，动物不能跟医生交流，而是用专门的测量方法，测量扎到什么程度动物有反应。结果显示，被扎的马不但不疼，而且扎了以后，把它的血引到另外一匹马的身上，另外那匹马也不疼了。兔子也一样。这说明被扎动物的血液中有止痛物质，如内啡肽等，它相当于人体内的吗啡，每个人的体内都有。这个实验中的不疼是客观的，是有物质基础的。西方人认为提出的任何论据都得有数据来支撑。

我质疑你，你有证据，我也做做看，看能不能重复。所谓的科学精神就是质疑、实证、重复。比如有人说病人吃我这个方子病情好转，就说明有效。其实，光这么说不行，因为没有对照。我到美国真切地学到了科学精神，学到了民主平等精神，学到了人与人的尊重，进一步讲，也就是人文精神。这在病人和医生之间的关系中是非常基础的东西。

在美国的两年间，除了吴英恺教授介绍给我的导师J.Stamler教授和他夫人外，还有中国台湾学者刘江教授，中国香港来的卢医生、梅医生、李医生及美国律师朱耀铭博士、廖显章博士等诸多朋友给了我许多真诚的关心和帮助，我将永远铭记和感谢他们。

"本事不大"的美国大夫

我到美国学习，主要是学到了科学、民主和人文的精神。同时我也发现了一件很奇怪的事：美国大夫的真本事不一定大。毕竟美国人口比中国人口少很多，所以病人也少；而在中国，病人们每天都络绎不绝，医生们更是整天忙于接诊。病人看得多了，自然也就熟悉各种病的病情以及诊疗方法了。

有一次，一位和我住在同一幢楼内的台湾朋友右腰突发剧烈疼痛，面色苍白，他的家人急忙来找我。我初步判断是右输尿管结石，让他赶紧上医院。到医院后，依次办理各种手续，病人已极度痛苦。医生护士则按程序，先测体温，再测血压和脉搏，然后还要查尿、做血常规、照 X 光片，要一切俱备，医生才能诊断。但病人此时已不能直腰，也不能平卧，面色苍白，冷汗淋漓。我对医生说："这是右输尿管结石，病人肾绞痛，请先打阿托品 1 毫克及杜冷丁 50 毫克，止痛后再进一步检查。"接诊医生大惊，问："您怎么没看 X 光片就能知道这是右输尿管结石呢？"我告诉他，我已工作 20 年，这样的病人见多了。这两种药合用，10 分钟就能缓解症状，然后可分次喝 1 升水，半小时后再含 2 片三硝酸甘油，走走或跳跳，很可能结石就排出了。可是接诊大夫不敢开药，因为阿托品剂量太大，诊疗手册规定只能用 0.5 毫克。我再三解释，根据病情可用 2 ~ 4 倍的剂量，他还是不敢。正说话间，诊室的电视上出现 Lesch 教授在讲课，他是芝加哥心脏病分会主席，也是该院的主任教授。我说他就是我的导师。接诊大夫说，那你也一定很了不起。于是他同意马上打针，10分钟后病人彻底不疼了。等 X 光片出来后，果然是右输尿管结石。

一周后，我在医院大楼又遇见了这位年轻大夫。当时他刚进电梯，回头看见我后马上跑出来，恭敬地问："洪大夫您好，病人后来怎么样了？"我告诉他，病人不但完全好了，还真尿出一块小石子。他连声说："您真是太了不起了。"

在美国看病，有时候就是程序太刻板。我的一位室友关节痛，预约后要两个月才能看上病。有一次一个小孩儿病了，妈妈给她在美国当医生的妹妹打电话，妹妹说你等一下，我给你去查查。一会儿告诉这个妈妈，有 3 种方法你可以试一试。美国的医学训练就是这样，一步一步都有指导方案，跟中国很不一样。

从医 50 载的一些感悟

规律就是铁
谁碰谁出血

你不爱健康，健康不爱你。
你不爱自己，疾病就爱你。
今天不运动，明天要看病。
今天不养生，明天要养病。

不为健康受累，要为得病受罪。
不为健康流汗，要为得病流血。
不花一元养生，要花十元看病。
不为健康买单，要为得病付费。

我从一个普普通通的大学生慢慢成长起来，

转眼间，从医已有50载。

到现在有了一些体会，

也得到了一些赞誉。

其间，我不断地思考和自我反思，

颇有一些感悟，

关于对前辈楷模的钦佩，

关于对医生这个职业的热爱，

关于如何对待病人，

关于如何解决医患矛盾……

热爱医生这个职业

有心、用心和细心——你必须真正喜欢

要做个好医生，首先你必须是一个有心人。这是第一位的，是原动力。此外，还得是一个用心人。到这儿还不够，还要是一个细心人。总之，你必须真正喜欢这个工作。

我做医生，为病人治病；我用药，使效果倍增；我做健康教育，使许多平民百姓把健康掌握在自己手里。我做这些事情，都是因为我喜欢这个职业，我享受这个过程。如果我没有把工作当成快乐，当成享受，我宁可去搓麻将、打扑克，可是我的生活中没有这些。我总是在琢磨怎样把健康教育的语言变得更精彩，变得能与现代社会生活联系更紧密。为了使我讲的东西有科学基础，我需要阅读很多文献，看很多书，还需要把它们变成艺术、变成故事。

一个人只要真喜欢一件事，为之流的汗、吃的苦、受的罪，都是甜，而且还会有灵感、激情和创新，因为他真的感到快乐。当你把工作变成享受、变成快乐的时候，你距离成功就不远了。李政道教授说到自己一生做人做事的准则时，曾引用杜甫的一句诗："细推物理须行乐，何为浮名绊此身。"著名相声大师马三立的儿子说，他父亲就是这样，日常生活中并不像在舞台上那样幽默风趣，而是严肃沉默的，因为他满脑子想的就是怎么把相声说好，顾不上想别的。

我把上述感悟用自己编的新段子总结了一下。

人生有梦想，信念就坚强。心中有阳光，身上有力量。

只要真喜欢，精力用不完。忘食又忘睡，一学马上会。只要不喜欢，一见心就烦。任你千般好，还是睡懒觉。立志要趁早，一步早步步早。步子要走好，一生少烦恼。

天天学习和感悟，才能天天进步

回顾自己的经历，有时候想想也怪，人跟人其实都差不多，一直到大学毕业，你考85分，他考95分，能差多少？可是往后看就有天壤之别了。这中间的差别就看一个人会不会自我学习，有没有自我提升的能力。因为大学所学的知识只是为以后的发展提供一个基础，只占到你一生全部知识的5%左右，工作以后你仍需要不断地读书、实践、感悟，天天进步，才能将知识积累到一定高度。而如果工作以后没有学习的动力，就没有什么变化，只能一直停留在原来的地方。因此，自我发现、自我学习、自我提升，这个能力是很重要的。

为什么学习能力这么重要？我的理解是：一个医生想成为好医生，不仅要学习医学方面的专业知识，还得学习哲学、文学、艺术等社会科学，再加上不断地自我反思、感悟，提高自己的精神境界；境界有高度，心胸才有宽度，思想才有深度，才能形成能力。

我是怎么从一个普普通通的人、普普通通的大学生，慢慢成长起来的呢？我最大的感悟是，其实很多人很聪明，肯定比我聪明，但是他们往往重术不重道，所以才被埋没了。人要真正能领悟到这个"道"，需要具备一些东西：让明月照照心，心灵如明镜；让清风洗洗脸，行为要检点；行为不破健康线，省得生病上医院。最最重要的是，一个人要学会感悟。

读书是春耕，教育是阳光，环境是土壤，感悟是成长。一个人只顾生长不行，生长只是个儿高了。心智也要成长，感悟就是心智的成长。感悟到最后，成长变为成熟，才能成才。生长、成长、成熟、成才，整个过程按照这个顺序，没有别的办法可以跨越。读书以后必须实践，实践以后需有高人指点，还要自己感悟，最最重要的，正是每个人的感悟能力。

医生的楷模——一代医学大家吴英恺

现在医患矛盾比较突出，原因很多，但是如果医生都能够像北京安贞医院的老院长吴英恺院士那样具有高尚的医德、医风，医患矛盾也就不难解决了。然而，吴老之所以成为吴老，也受他当年特定的内外环境因素影响。

医生可以分成几类：一类可以称为医匠；一类可以称为医生；一类可以称为医家——医学家，这类医生只占少数；还有一类可以称为大家，这类医生少之又少。吴英恺院士就是我国医学大家中的杰出代表。

现在各个医院的专家无数，有的医院甚至有五六百名专家，但是他们大多数是技术类型的专家，真正可以称为医学大家的很少。因为现在的技术型专家只是治疗疾病，而不是治疗病人，关注公众的健康。吴英恺院士以其高尚的医德、精湛的医术、独到的眼光、深刻的思想而成为我国具有国际

影响力的一代医学战略大家。吴老一生，波澜壮阔，著作等身，这里只就吴老在我国心血管病流行预防方面的独特贡献略述一二。

■ 眼光独到

吴老年轻时曾是一名优秀的外科医生，1940 年在当时的北平协和医院成功地完成了国内首创食管癌切除术及胸内食管胃吻合术，这种手术术式是由美国在 1938 年首创，当时全世界只做了 10 例左右。1944—1946 年间，在战时的重庆中央医院，他又做了国内首创的动脉导管结扎术及其他高难手术，因而蜚声中外。

这样医术顶尖的外科泰斗原可不必搞流行病学，但吴老毕竟不同凡响，目光远大。当他看到全球及我国整个心血管病形势发生变化时，立刻敏锐地意识到"10 个外科医生可以治好 1 个心脏病人，但 1 个预防教育医生可以使成百上千人不得病"这简单却极有远见的道理。他确实无愧于一代医学巨擘的荣誉。

1958 年，他和中国医学科学院的同道们提出"让高血压低头"的豪迈口号。1969 年冬，他带领北京阜外医院小分队到首钢和石景山公社开展高血压防治工作，深入车间地头，和工人农民同吃同住，一去就是半年。他还创造性地把防治工作从"治"变成"防"，不仅是二级预防，还提前到一级预防（即改善生活方式，预防发病）。他牵头进行了 1958 年

● 作者（左二）与吴英恺教授（左四）的合影三

全国第一次高血压流行病学调查及以后的第二次、第三次全国高血压调查，取得了极为宝贵的人群基础资料。他大力支持20世纪70年代北京东郊大面积纺织工人高血压防治网的建设，他亲笔上书卫生部，大力推荐运用华罗庚优选法研制的安全有效、价廉方便的"北京降压0号"，使之成为卫生部以红头文件正式下发全国的高血压防治首选药物。从此，降压0号走遍大江南北，大大方便了病人，提高了防治效果。直至不久前的一项调查，在21个省市中，降压0号在其中的19个省市中使用排行第一，在另外2个省市排行第二。

一位著名胸心外科专家，能够站在历史的高度，以这样的眼光和胸怀、魄力和胆识，身体力行，深入实践，到工厂农村开展心血管病防治工作，并取得突出成绩，真是凤毛麟角。

■ 行动果断

吴老身上最可敬可贵的精神是以身作则，率先垂范，言行一致，雷厉风行，即"言必行，行必果"。

继20世纪50年代的高血压调查、70年代的首钢心血管病防治，在70年代末，吴老又在我国首创心血管病流行预防研究室，培养了我国第一批心血管病流行病学研究生，并选送人才出国深造。80年代，他在我国开展空前规模的有28个国家参加的世界卫生组织"莫尼卡"方案，监测我国16省市580万自然人群的心血管病危险因素和流行趋势，其中北京市就有42家医院74万人参加，使我国年轻的心血管病流行病专业迅速跻身国际水平。这项大型科研在1989年28国评比时，质量超过日本，与西德并列榜首。"莫尼卡"方案顾问称赞说："中国是发展中国家的一面旗帜。"而另一位世界卫生组织流行病学顾问、中美心血管病协作研究美方首席专家则称赞说："吴教授是一位有远大目光、做长远计划、办大事业的人。"

由于"首钢模式"的远期效果优异，世界卫生组织在90年代曾向全世界推荐心血管病防治的"中国首钢模式和指南"。在医学界，我国历来是论据和模式的进口大国，基本是跟随国外的步子，而"中国首钢模式和指南"是出口，以其科学严谨、实用可行而为国争光。

更感人的是，吴老是一面坚定而勇敢的控烟旗帜，他获得中国控烟贡献奖是实至名归。北京安贞医院成立不久，他便倡议建设"无烟医院"。开始时，我曾陪同他巡视医院花园，一圈转下来竟捡到180个烟头。他订规划、开大会、做报告、写宣传，亲自到一个个科室宣传、落实、劝说，一遍又一遍，真有一种"子规夜半犹啼血，不信东风唤不回"的精神。果然，很快就像"忽如一夜春风来"，医院花园完全变了样。

一次吴老下基层检查工作，半路上看见路边一个小伙子正在吸烟，吴老立即让人停车，亲自去劝小伙子戒烟。当小伙子知道眼前这位慈祥的长者竟是全国著名的大专家时，不由得连连点头，当即掐灭了烟头，并表示今后绝不再吸了。

钱信忠、崔月犁两位卫生部前部长曾提出：培养更多像吴英恺教授这样热爱祖国、有世界影响的专家，是中国医学走向世界的一个战略任务。卫生部前部长陈敏章也曾高度评价吴英恺教授的贡献，称其"表现出一位医学科学家对祖国医学事业的高度责任感和战略眼光"。

一代医学战略大家吴英恺教授留给我们的不仅是高超的医术，更有高尚的医德；不仅是治已病，更有防未病；不仅是科学，还有人文。他的爱国主义精神、为国争光的精神，他的"公、勤、严、廉"的院训，他的全心全意为人民服务的思想永远教育和感召着我们，激励我们更努力地为人民工作，与时俱进，在新时代去争取更大的成绩。

医生语言的威力

说到医生的威力，医学之父、古希腊的希波克拉底有句名言："医生有三大法宝——语言、药物、手术刀。"而这三大法宝中又以语言最为重要。这是为什么呢？

安慰剂也有效？

医学对于病人，"语言第一，药物第二，手术刀第三"。医学之父告诫说："别过多干预病人。"因为人体太复杂，就像一部复杂的机器，尽量少拆，极复杂的机器尽量别动它。

那么，医生的语言到底有多重要？

有一个生动的例子。1974年我在工厂的时候，有一种德国进口的新药，代号"拜耳1040"，就是现在的"心痛定"，需要进行疗效观察。我们将病人分成两组，一组在医院的门诊，一组在我所在的工厂。我对服药的工人说："这些药是我们党和国家用宝贵的外汇从德国换来的，先给我们一线的工人用。"工人们听了纷纷表态，感谢党和国家的关心。告诉他们8点吃药，他们绝对不7点55分吃，都是抱着诚心按时吃药，结果药物92%有效，心电图检验30%有效。

在医院门诊的那一组，医生只是平平常常地对病人说要换一种药，也不讲为什么要换药，病历上写的也是老一套。病人也就没有当回事，有时候就忘了吃。结果医院门诊这边药物的有效率是50%，心电图检验的有效率是0%。差别就这么大！

还有这样一个试验。36个大学生被分成两组，每组18

个人，都来查体，结果都正常。医院告诉他们，会打印出体检报告给他们寄去。医生告诉其中一组学生，他们血压高，心脏跳动过快，有杂音；告诉另外一组学生，他们一切正常。2 个星期以后重新复查，被告知有病的人，纷纷诉说病状：心慌、头痛、老憋气……这时候，一测血压，还真的血压偏高，心跳比上次快，而另一组则安然无事。

所以好医生要善于和病人交流，要懂得如何使用语言，要注意你的语言可能对病人产生的心理暗示。积极的语言能够帮助病人提高免疫力，有助于恢复健康；反之则会加重病情，不利于疾病的治疗。

她到底是有病还是没有病？

20 世纪 60 年代，正值困难时期，农民的生活非常艰苦。1961 年，我刚刚大学毕业，被分配到北京朝阳医院工作。一次，从通县来了一位妇女，家里很穷，丈夫又虐待她，她整个人贫血、浮肿，脸白得像蜡一样。因为娘家人逼着，她丈夫才送她上医院。通县离城里很远，找不到牲口套车，丈夫就让她自己走。路上走不动了，丈夫就拿小鞭子抽她，赶着她走。她就是这样来到医院的。

到了医院一查，她的血色素才 1 克（妇女正常的血色素应当为 12 克以上），太危险了，我们立刻安排她住院，让她好好吃饭，给她少量地输血，因为也不能一下子输多了。当时她精神状态很好，她说自己一定要活下去，为了女儿和妈

大
家
小
书

医
学
家
卷

妈也要活下去，真是坚强。不久，她的浮肿慢慢消退，血色素也慢慢升到 8 克，身体基本恢复了。营养不良可以回家慢慢调养，我们就准备让她出院了。

没想到，正好赶上一个教授查房，因为这位妇女是典型病例，教授就拿她的病情给学生讲课：这么低的血色素，这是典型的营养不良导致的贫血。贫血有哪些症状？贫血会乏力，憋气，心跳虚弱，头晕……她一听，本来没有什么症状，这一下慢慢全有了。当医生建议她出院时，她坚决不同意。为什么？因为她觉得自己还贫血、还头晕、还无力，血色素要达到 12 克才正常。

你看，血色素 1 克的时候她多坚强，那么远的路都走来了，血色素到 8 克反而不行了。可见，病人的精神状态很重要。

还有一个例子更不得了。这个人是蹬平板车的妇女，她感冒了，体温 38 摄氏度。我们的医生按照常规听了她的心脏，吓了一跳，原来她每分钟心跳才 32 次（正常人一般在每分钟 66 次左右）。于是医生赶紧给她做心电图，发现她的心脏有 Ⅲ 度房室传导阻滞，这是极严重的病情。我们请示上级，赶紧抢救，安排住院。

病人也觉得奇怪，刚才还好好的，还能蹬平板车，怎么一进医院就要抢救了？经静点异丙肾后，她的心脏跳得快了，从每分钟 30 多次升到每分钟 60 多次。这下医生是放心了，可是病人不行了，因为平时她的心脏跳动总是每分钟 30 多次，跳到每分钟 60 多次反而心慌头痛了，身体也不舒服了。过了一会，病人一翻身，点滴脱了，心率又回到每分钟 32 次。大夫护士慌了，但病人反倒高兴了，说现在好受了，不愿再打点滴了。

最后有一个医生仔细看了这个人以前的病历，发现她 10 年前生孩子的时候，心跳就是每分钟 32 次。这才明白，原来这位妇女是先天性的 Ⅲ 度房室传导阻滞。于是医生安排她出院，可这个病人却不愿意，就因为之前医生说她心脏跳得慢，很危险，一停就会死，所以她坚决不肯出院。最后院方反复解释动员，她总算出院了。

后来她爱人来医院告状：没病的人被你们治得有病了，她本来每天下班回家给我们做饭，现在被你们治得回家也不做饭了，孩子也不管了，整天卧床。因为医生说心脏跳得太慢，很危险，一用力会猝死；坐在床上还得往前趴着，会好些。她现在就老趴在床上，袖子都磨出两个洞来。这样不行，要么你们派护士帮我伺候她，要么她还上医院住。最后医院做了许多工作，还派医生到她家办当时盛行的"学习班"，反复做心理疏导，才解决了矛盾。

所以，医生的语言威力非常大，你怎样讲、在什么场合讲，对病人会有不同的影响。如果医生不掌握语言的艺术，没有病的人，也可能被医生说成病人。语言有正能量，也有负能量。

"三心"医疗——心脏、心理和心灵

双心医疗由我国著名心血管病专家胡大一教授首先提出，是一种新观念。"双心"指的是心血管疾病和心理障碍，这两种疾病互为因果，互相影响，导致疾病恶性循环，共病率高。双心医疗克服了以前只顾治疗局部的疾病、不考虑整个人的心理状态的弊病。实践证明，双心医疗不仅理念创新，而且临床效果好，值得大力提倡。此外，还有进一步的"三心"医疗，即心脏、心理和心灵。

好医生要成为病人的心理医生

胡大一教授讲过这样一个病例：有一个病人心脏早搏，医生说，你这么年轻就患早搏，容易发展成心肌炎，会越来越重。这么一讲，患者紧张了，认为县医院看不了，要去市里、省里的医院看，去部队医院看，最后干脆卧床休息不动了，怕一动就会死。

多少年后，报纸上刊登了一篇文章，介绍如何正确对待心律失常。到这个时候，那个人已经卧床 20 年了。他偶然看到了这篇文章，里面讲的情况跟他的病情很像。于是他写信给胡大一咨询病情，胡大一给他回信，说他心脏没事。他很高兴，想要好好保养，将来到北京去看胡大一教授。从此，他有信心了，身体越来越好，后来真到北京去看了胡大一教授。他看到后，"双心"都得到调理，效果更好了。所以胡大一教授提出要设置"双心门诊"，对待心血管病人，需要心脏治疗和心理治疗双管齐下。

这个例子说明，好的医生要把病人的躯体、心理作为一个整体来看，从而以综合的手段治疗病人的疾病。不然有可能把小病看成大病，把大病看成重病，本来没什么事，却越看病越重。在一次国际心血管病大会上，大夫们讨论过一个病例，讲的是一位病人去检查身体，医生说他的冠脉有斑块需要放支架。放完支架以后，不久支架堵了，医生说要做搭桥手术。搭桥以后又出现并发症，最后发生心肌梗死，经全力抢救，心脏扩大，心力衰竭了，病越治越重。原来他身体没有什么大问题，但是由于过度医疗，最后病情越来越严重。

可见，如果医生没有把心理因素考虑在内，几句话吓住了病人，使病人由焦虑变抑郁，结果就会让小病发展成大病。

提倡医生对病人要"三心"医疗

我越来越确信医学之父希波克拉底说的医生的三大法宝"语言、药物、手术刀"。近代名医特鲁多也说过，医生对患者"有时是治愈，常常是帮助，总是去安慰"。这句话把医生与病人的关系定位得很准确。

现在有的医生认为自己有技术，可以包打天下。但是人体极其精密、复杂，动不动就吃药、打针，频繁使用高科技手段，有可能会伤害人的身体。这就是我们现在存在的过度医疗问题。

好的医生看病有两大特点：第一，检查诊断简单；第二，用药更简单，主要靠语言，帮助病人了解病情，掌握知识和道

理，再配以适当药物。

这是为什么？因为虽然病人躯体上有病，但是作为医生，要掌握病人的心理，把道理讲透，注重调动病人的情绪和积极性。病人自身的免疫力强大了，自身的修复能力也会提高。这就是说，治病需要调动两个积极性：医生的积极性和病人的积极性。不是医生想治好病人的病，病人就能被治好。医生能帮病人的只是躯体治疗这部分，剩下那部分需要病人充分调动自身的抵抗力。为了共同治病，医生和病人是一个战壕里的战友，齐心协力，治疗效果才能更好。

好医生对病人要如春风化雨

好的医生要对病人平等、亲切，要把病人的病当大事来看待。有些医生在病人面前态度傲慢，或许是为了显示有学问，张口就是医学名词，对病人冷冷淡淡，只看电脑不看病人，病人还没有把病情说完，医生在电脑上已经把药开完了。感觉就像病人是来求医生的，医生是居高临下。如果这种心态不调整，就算是医学硕士、博士、博士后，都不会成为好医生。

心态调整很重要，对任何人都一样。人在社会上心态不摆正，身体健康不了，事业成功不了，人际关系好不了，家庭幸福不了。医学院的教育只教知识，不教"道"，没有设置如何做医生这一课，教出来的医生只会治病，不会治病人，更不会尊重病人。这是我们医学院教育上的欠缺。

以前在我工作的医院的病房里，医生一般不称呼病人的名字，而是叫床号：3床、5床过来！病人自嘲说，我们到这里变成劳改犯了。

这样的称呼把医生和病人的距离拉开了。那么我们就该变一变，改称"老张""老李"还是不行，最后变成"张老您好""李老您好"，称呼变得有亲情、有温暖。

还有工作环境问题。上班时候不能说说笑笑，打打闹闹。病人那么痛苦，你还在这里有心无心地随便开玩笑，病人什么心情？病人会很伤心的，他会对你不信任，会对你有意见，遇到一点事他就可能会揪着你不放。你要是真心对病人好，有错他都会原谅你，好多事一下就化解了；你要对病人不好，没错他都可能找你的碴儿，一点小事都被放大。

所以医生对病人一定要真诚、平等，要真正关心。

社区医院的故事：欢迎张大夫，驱逐李大夫

有一件发生在北京社区医院的真事，病人声明：欢迎张大夫，驱逐李大夫。这个张大夫是中专毕业生，那个李大夫是硕士毕业生。

张大夫虽然是中专毕业，但是他跟病人关系好，关心体帖病人，见面就称大妈、大爷、您老人家，就像亲人一样，嘘寒问暖。为什么李大夫要被驱逐？他到门诊一坐就只看病，不看人，跟病人不多讲一句话，所以大家都对他有意见。一位老太太说："我都来三回了，他还总问我叫什么名

字，每次只给我开药，也不问问我吃得怎样，睡得怎样。"

　　所以说医学不是单纯的自然科学，它同时是一种文化，是人文关怀，融合着感情。作为医生，你对病人有感情，有人文关怀，病人一见你就高兴，病就好了一半。所以有句话说："微笑不是医药，但能产生疗效；微笑不是医生，能使医疗效果倍增。"医生和病人之间的情感距离近了，病就好治了。

医患关系紧张，路在何方

医患关系是人与人的关系，有人就有矛盾，因此医患矛盾是个普遍问题，不过，当前在我国表现得尤为突出和尖锐。社会风气不良、物欲横流，人们心态浮躁、急功近利，加上公民的健康素养仅为 6.48%、科学素养仅为 3.27%，而且人口老龄化、疾病年轻化（也就是卫生部前部长陈竺所说的"井喷"）、医疗过度化、健康碎片化又推波助澜，这么多错综复杂的矛盾交织在一起，"看病难，看病贵，看病花钱又受罪"就是必然的了。

那么，怎么化解这个矛盾呢？

从根本上说有 3 条：第一，政府是关键。"老大难，老大难，老大一抓就不难。"第二，医务人员是主体。第三，患者大众是主力。

政府是关键

在当今中国，心脑血管病、癌症、糖尿病、慢阻肺等主要慢性病已占人口死因构成的 80% 和医疗资源消耗的 69%。其中心脑血管病又占了一半，即 40%。因此，防治主要慢性病应是我国卫生工作的重中之重。慢性病在很大程度上可以预防，而且预防的潜力、预防的空间都很大。政府投资 1 元在预防上，可以节省医药费 8.59 元，节省重症抢救费近百元。世界卫生组织报告显示：健康的生活方式可以减少 80% 的心脑血管病和 2 型糖尿病以及 40% 的癌症，可以从根本上改善公众的健康状况。

　　心血管病方面的流行病学研究表明：控制高血压、高血脂、吸烟、糖尿病、精神压力、酗酒、肥胖、不运动、不爱吃蔬菜水果等9项危险因素就可以使6位急性心肌梗死患者减少5位，使全民健康状况得到根本改观。1992年，世界卫生组织前总干事中岛宏博士指出："全世界每年有1200万人死于心血管病，若采取预防措施，可以减少600万人死亡。"他进一步指出："许多人不是死于疾病，而是死于愚昧，死于无知。"因而他再三忠告："不要死于愚昧，不要死于无知。"1996年，美国疾控中心发表报告称，若采取传统的医疗方法，要使美国人的寿命延长1岁，就需要数百亿至上千亿美元。而若采取健康的生活方式，则不用花多少钱，就可以使美国人均寿命延长10岁，而且生活质量大大提高。

　　其实，早在1980年，世界卫生组织就在一次会议中指出：鉴于当代医学模式已从生物医学模式转向生物—心理—社会医学模式，对付像心血管病这样的生活方式疾病，与其用传统医疗方式，毋宁用政府政策。

　　20世纪70年代，由世界卫生组织牵头组织进行的2项有27个国家参加的大规模心脑血管病国际横向对比研究发现，心脑血管病在全球范围内的流行呈现3种不同趋势：上升型、稳定型和下降型。其区别主要取决于政府的重视程度。发达国家如美国、日本、加拿大、澳大利亚是下降型，西欧国家多为稳定型，而东欧国家、经济欠发达的国家均属上升型。对这一点，我国著名医学大家吴英恺教授一直忧心忡忡。

● 作者（右四）获公共卫生与预防医学发展贡献奖

他曾说，近 30 年来，美国心血管病死亡率约下降一半，而同期我国则上升 1 倍，从相差约 4 倍到几乎相同了。尽管我国心血管病医疗技术发展很快，但我们未能防止心血管病发病率的迅速上升，这是他老人家最大的遗憾。据报道，在我国卫生资源的消耗中，医疗、辅助医疗及零售药品的消耗占整体的 98%，而用在公共卫生、预防和健康促进上的仅占 2%。如果这一状况不能改变，不论我国医疗技术如何进步、设备如何先进，我国的慢性病必将继续"井喷"。

慢性病井喷，几亿人患病，不仅劳动生产力蒙受无可弥

补的损失，再修建数以千计的大医院，再进口数以亿计的先进医疗设备，再增加数以百万计的医务人员，都将无济于事，只能是治标不治本。

相反，如果政府建立"观念前移、预防为主、重心下放、社区为主"的预防体系，不用花费巨额资金，整个国家的心脑血管病、糖尿病、癌症就会大幅度减少。大量慢性病病人在社区医院就诊，各级医院各行其职，我国的整体卫生状况将彻底改观。病人少了，看病不再难；有病早治，看病不再贵；秩序井然，看病不再受罪。我国的卫生状况在国际上排名也不会落后到第144位，公平性也不会排在第188位。到时候，我国卫生界可以自豪地说，中国的慢性病流行趋势是国际领先的"下降型"了。

其中，政府如何让医疗卫生重心下放也是一个根本问题。数以亿计的病人不可能集中在城市的大医院，如何让县、乡、村各级医院也有合格医生，病人愿意去就医呢？《健康报》2013年11月11日报道，广东省惠东县人民医院原来是一个连职工工资都发不出的"救助对象"，在中山大学附属第一医院对口帮助下，不仅有专家会诊、讲课，还派专家挂职兼科主任，实抓实干，手把手"深入骨髓"地真心帮扶，使医院面目焕然一新。10年间，门诊、急诊量增加6倍，住院量增加2倍，深受远近病人的欢迎。看来，医院帮扶、重心下放，也要有真心，不能走过场。只有诚意和真心，才能使"黄土变黄金"。

医务人员是主体

在改善医患关系方面，医务人员是主体。在世界各国，医生都是最受尊重的职业之一。在我国自古以来有各种说法："不为良相，便为良医""仁心仁术，善心善意""德不近佛，不能为医；才不近仙，不能为医""健康所系，性命相托"……在国外，最受崇敬的3种学问就是医学、法学、神学。在美国，想要学医必须要先从非医科大学毕业，这是因为医生要有一定的人文学科基础。在英语中，医生与博士是同一个词，医生就是博士。而医生服务的对象是人，是有生理、心理、心灵3个层次的人，是有思想、有精神、有个性的人。即使患同一种病，临床表现也是千差万别的。

在医疗过程中，医生与病人间的互相信任、互相理解是第一重要的，是压倒一切的。在我几十年间经手解决的医疗纠纷中，90%以上的医疗纠纷源于沟通不良，而非技术事故。医患之间往往因互不理解，语言词不达意，医生解释不到位，患者期望值过高，等等，一开始就埋下伏笔，一有风吹草动，就起事端。任何一名医生都要永远记住：医生的第一法宝，就是医学之父的谆谆教导，是语言，是艺术，是服务，是妇女的手。如果一个医生不能取得病人真心的信任、信赖和配合，那么，一切科学技术手段都要贬值，都会失去光彩，甚至会适得其反。回想"非典"期间，美好的医患互信关系，医生对患者一心一意、将心比心，患者对医生感激信任，出院时难舍难分，至今让人记忆犹新，难以忘怀。

患者大众是主力

成千上万的病人，如果健康素养、科学素养很低，缺乏自我保健的意识，不懂健康的生活方式，不懂健康有四大基石，不懂医院工作流程规范，不懂医学科学也有局限，也有许多疾病仍未认识、不能治愈，那么，他们既难以自我保健，也难以与医生顺畅沟通，医患关系就难以和谐。因此，平时医院经常忽略的健康科普就显出了极端的重要性。

总之，要从根本上改变我国卫生面貌，提高人民健康水平，改善医患关系，要以"政府主导、观念前移、预防为主、重心下放、加强社区"为原则，同时提高医务人员的社会地位、职业尊严、物质待遇和人文修养，加强科普教育，提高公众的健康素养和科学素养，才是解决医患关系紧张的根本途径。

走上健康教育之路

健康三字经

管住嘴，迈开腿；八分饱，八杯水

八千步，子午睡；三分酒，不要醉

不攀比，不受罪；不对比，不富贵

有头脑，没心肺；养心汤，一百岁。

1992 年，一个偶然的机会，

我在病房里给病人讲健康知识，

没想到听的人越来越多，

还有人录音做笔记，

整理出手抄本的讲课记录。

我的健康讲座，

就这样通过大家的口口相传，传播开了。

消息传到外地后，

江西省科协也邀请我去讲课。

其后，随着我的健康教育文章不断在报纸上刊登，

专著得以出版，

我的健康教育之路也越走越宽……

健康课从病房讲起

1992年，我辞去了北京安贞医院副院长的职务，到当时的干部保健科当科主任，兼党支部书记。一次我查房的时候，遇到一位干部，52岁，特别能干的一个人，患了心肌梗死，后来做了心脏搭桥手术。

我对他说，你很可惜，如果早点听几句话、吃几片药，其实，就不会得这个病。他感到很奇怪，怎么会呢？我说，你血压高，应该早一些吃降压0号；你肥胖，应该早一点减肥；再把烟酒戒了，就不会得冠心病，也就用不着手术了嘛。你现在花了许多钱，还受了许多罪，如果早先就开始注意，不得病，该多好。他听后感叹道，唉，我要早知道这些不就好了！他旁边的病人原先在看电视，听我这么一讲，电视不看了，也专心听讲，都说要是早知道，那有多好啊，太谢谢大夫了，少花钱，少受罪。还说要把老伴找来一起听我讲健康和保健知识。别的病房的病人听说了，也都想来听。

后来，我就干脆在病房会议室讲。有些病人还带了小录音机来录音，其中有一个干部让我很感动。他有一个迷你型的卡带式录音机，可以装小型的磁带，录好音后他把这个磁带精心保存，十几年后送给我作留念。那是我最早的讲课录音，当时是1992年。还有的病人带着笔记本，听完了，互相核对笔记，最后整理出手抄本，每位病友发一本，还送了我一本。

通过讲课，我深切体会到，病人是多么善良，他们内心是多么渴望健康知识，可是平时很少有人给他们讲道理，我心中深深地内疚。于是，我决定以后每个月都给病人讲课。后来有的病

● 作者的健康讲座工作照

人出院了，还把自己的电话留给护士，说洪教授要是讲课，就通知他，他带着全家来听。

　　当我给病人讲课的事传到外地时，外地的病人也想听，可是因为身体有病走不动，来不了。1999 年，江西省科协请我到江西讲课，现场有 800 多人听，全程录音。我的演讲被整理成文字稿，听众都抢着要，先后印刷了 4 次，印刷总数超过4 万份，但依然供不应求。后来，我的健康讲座到处被录音，形成了 68 种手抄本，源头就是我在江西科协的讲课录音。

　　大概在 2000 年，中海油的领导卫留成认为健康讲座是无价之宝，就跟我商量，把我的健康讲座文字稿印了 15 万本，分发给系统内职工。

　　我的健康讲座在初期有一个很长的积累过程，是通过大家的口口相传，传播开的。

《北京晚报》开辟了"健康快车"专版

1995—1996 年，在北京市政府、卫生局的关心支持下，《北京晚报》设立了《卫生保健》栏目，开辟了"健康快车"专版。

当时的《北京晚报》总编辑很热心健康讲座，让我给他们的报纸写稿。在那以前，《北京晚报》上已经开始陆陆续续地刊登我的一些健康方面的短小文章，很受读者欢迎。2002年5月，在一位热心读者推荐和晚报编辑的支持下，我就写了一些长文，字数最多的是三四万字，占一整版，而且一连登了好几天。这个影响面就更大了。

上海的《解放日报》更不得了，整版整版地刊登我的文章。最后凡是登有我的健康讲座的报纸，就需要加印。如此热销对这份报纸来说是少有的，之前仅有过一次，是报道我国的原子弹爆炸。而刊登我的健康讲座是 2002 年以后的事了。我也因此在上海成名了。

《登上健康快车》影响了海内外华人

2002 年，健康教育在全国掀起高潮。《北京晚报》的"健康快车"专版文章出书了，书名就是《登上健康快车》。我和"健康快车"的其他专版作者——心血管病专家胡大一、糖尿病专家向红丁，到北京的王府井新华书店去签名售书。读者排长队，人山人海，1 个小时就卖出 1980 本。

这个活动掀起了民众关注自身健康的一个热潮，《登上健康快车》在全国发行了 500 多万册，成为超级畅销书，是我国健康教育的一个标志。

我的健康教育讲座在整个华人世界都有影响，美国、新加坡、加拿大的华人也开始关注健康教育。后来我还去了加拿大、马来西亚、新加坡以及澳门等地去讲健康和保健知识。台湾著名田径运动员纪政亲自向我发出邀请，当时因为我太忙，没去成台湾，对我来说是很遗憾的。

在我做健康讲座期间，发生过一个小故事。在加拿大温哥华的一个公园里，有一群人在传看我的文章，边看边连声称赞。有一个老太太凑过去，问是谁写的。有人告诉她，是洪昭光。"洪昭光？是我在上海医学院的同班同学啊。"后来她从加拿大回来，还专程到我的办公室找过我。她说，就像做梦一样。这个同学的名字叫刘望贤。从 1956 年入学到 1961 年毕业，我们是同班同学，还是同桌。

培养了大批关注健康的"粉丝"

科普也可以有名人，健康科普名人也可以有"粉丝"。有一次出差，在首都机场，我一出闸门，许多人围拢过来，说快看快看，名人来了！原来，在大众眼中，我已经成了科普名人，第一个从事健康教育的名人。

以往各地有钱的企业举办庆祝活动，都请周杰伦、赵本山这些演艺明星。现在不一样了，企业发放给员工的福利品种都变了，改送健康产品，比如计步器、网球拍等，还会请一些知名的健康教育专家来做健康讲座。而且讲座开始前，常常会出现一票难求的景象，很多人托人、"走后门"才能搞到一张票。即使是万人会场也同样观众爆满，仍是一票难求！某体育馆的一位管理人员说，当红歌星周杰伦在这里开演唱会，都没有这么火！一位出租车司机曾这么说过："年纪大的人，未必知道周杰伦，但提起洪昭光，没人不说他的健康讲座好。"

有一次，我的一个朋友袁钟（现任中国协和医科大学校长助理、中国协和医科大学出版社社长）回老家四川万县（今重庆市万州区），在公路边上一个极小的店铺买一瓶水。因为客人不多，卖货小姑娘一直埋头在看书。袁钟就问她在看什么书，说是洪昭光的《登上健康快车》。边远的四川万县村里的一个小卖部，卖货的小女孩通过健康教育的书认识了我，她说她妈妈是洪昭光的"粉丝"。

就这样，我的"粉丝"遍布全国各地，他们通过我的健康讲座和各种书籍，了解了健康知识，学到了健康理念，在

● *作者（左）在某电视台做健康讲座*

追求健康的路上越走越健康！

　　我的"粉丝"还用这样 4 句话概括了我的健康教育的作用："书抵十万兵，课胜千般药，不花一分钱，健康一百年。"

段子是怎么打造出来的——留心处处皆学问

有一句老话：留心处处皆学问。日常生活中，当我看到对自己有启发的话语，都会用心记下来。

有一次出差，在机场的书店里，我看到一本时尚杂志，里面有篇文章讲到当时美国总统的保健医生给总统和第一夫人开健康处方的故事。美国总统的保健医生是很有水平的，他给总统开的处方是什么呢？他说家和最重要，要做到家和有3条：第一条，每星期夫妻两人最少要单独相处15个小时；第二条，每天夫妻两人单独相处最少2小时，还要包括一次共进晚餐或午餐；第三条，度假时夫妻俩要尽量多地手牵着手。

他写得真好！我就为了这篇文章的几句话，买了这本时尚杂志。而同行的人开始觉得洪教授买时尚杂志不可思议，后来再想想，便感到很有见地。后来经过思考，我把相关的科学知识加进去进行解释：手牵手，人体里会产生内啡肽，引起人的愉悦感，使身体的抵抗力提高。

这就是留心处处皆学问。如果看到有用的东西，我就随时拍照，包括寺庙里的对联，马路上的广告。我的许多话都是从高速公路两旁的标语中得到启发的。

举一个例子。我曾说："爱妻爱子爱家庭，不爱健康等于零。"这句话就是从公安局交通规则的标语中演变来的，它的原话是"爱妻爱子爱家庭，不守规则等于零"。这个标语很人性化，所以我拿来用。

健康教育要有针对性，一把钥匙开一把锁

曾经有一个小女孩不爱喝牛奶，妈妈说，你看看报纸上怎么说的，受受教育。小女孩说，我不看，这是你们老太太的事情。反正多少年来，妈妈怎么劝怎么说都不管用。

后来，有一天，妈妈说，这儿有一篇文章，你不用全看，看两分钟就行了。她半信半疑，开始很快地看起来。文章是关于英国一个孤儿院的研究，孩子们喝了牛奶不但个子长得高，而且头发、皮肤很有光泽，肌肉结实，人聪明。长期跟踪下去，发现不管男孩、女孩，坚持长期喝牛奶的都会越长越漂亮，越长越帅气。看到这里，妈妈让她先去吃饭，然后再看。她却说要先把它看完，因为这个女孩想要变漂亮。所以对于这个女孩，老师教育、家长教育，她都不听，可是一篇文章却起作用了。就是因为一把钥匙开一把锁，我们的教育首先要有针对性。

中国有一句古话叫"对牛弹琴"，原意是说牛这么笨，听不懂人弹的美妙琴声。果真是这样吗？有一次我到某地听到一件事，听说有一家杀牛的屠宰厂，附近1公里以内的奶牛听到同伴被人杀了，它们悲伤，就都不下奶了。所以牛是很聪明、有感情的，小牛一叫，母牛马上会来给它吃奶。但是对牛弹琴没有用，因为它不需要琴声。你给牛弹最好的琴曲，牛也不理你。可是如果你模仿小牛想要吃奶的声音，母牛眼睛霎时间就睁开了，还会把侧面转向你。

所以我们有很多工作没做好，是因为不懂得一把钥匙开

大
家
小
书

医
学
家
卷

一把锁的道理，没有用心去研究教育的针对性。教育必须要有针对性，要理论联系实际、密切联系群众，才能春风化雨，健康教育也是这样。

健康教育，要讲求艺术

有一个人的一句话，让我记了一辈子，受益终生。

那是 1960 年，我还在上海医学院上学，到上海中山医院去当实习医生。中山医院有一个泌尿科副主任，他学问挺好，就是有一个毛病——口吃，每讲一句话都很困难，很费劲。所以他讲话之前会想了又想，高度精练。

一次，他带实习生接诊，遇到一个血尿病人。他总结说，文献上列举了44种病可能出现血尿症状，你们也许记不住。不过有一句话，你们一定要记住，"男性，40岁以上，一过性的、无痛性的血尿，千万不要放过，一直要查到可以确诊是不是肾癌为止。"许多人一看尿有血，就害怕了；但下次没血了，又不当回事了，结果耽误了。他还教我们，对一个40岁以上的人，只要有"异乎寻常"的呼吸系、消化系症状体征者，就一定要仔细检查，密切跟踪，直至查明原因。

我在上医学习 5 年，大多数教授的讲课我都忘了，只有这位主任的话让我记了一辈子。

我看过一篇文章，说乾隆皇帝写过 4 万首诗，但到现在几乎没有人能背出他的诗，唯有他晚年的 4 句话，却传诵至今。"傲不可长，欲不可纵，志不可满，乐不可极。"而曹操写的"对酒当歌，人生几何""老骥伏枥，志在千里"，几乎人人都能脱口而出。这样的佳句能够传诵千年。

可见话不在多，简约、凝练、一语中的就好。健康教育，也要讲究语言艺术，语言要好懂、好记，讲的方法还要管用。

　　另外，科学道理应该讲得很有意思才能让人产生兴趣。上海交大有一位教授叫顾毓琇，是很有名的数学家，朱镕基曾专门拜访这位教授。因为他讲课有趣，能够给人启发，令人印象深刻。虽然顾毓琇老师教的是数学，可是课上常常讲数学之外的文学、戏曲，还有故事，能够让人感到数学跟生活很贴近。他送给朱镕基的 4 句话是："智者不惑，勇者不惧，诚者有信，仁者无敌。"

　　但是还要注意一点：健康教育应该是正说，而不是戏说、胡说。健康教育不能只是给人具体的知识，像萝卜好还是白菜好，这样就把健康问题简单化、碎片化了。健康教育是科学的理念，正确的思想，是系统工程；是道，不是术；是信、达、雅，而不是娱乐。

人是要有一点精神的

有一位著名作家，当右派 20 多年，平反以后写了一些挺好的书，他对人生、对生活都有很深的感悟。有很多人问他怎样才能把书写得这么好。他说，是孟子的一段话改变了他的人生——"天将降大任于斯人也，必先苦其心志，劳其筋骨，饿其体肤，空乏其身。"他的意志、精神就是从对这样一句话的感悟中获得的。

有时候我们读一本书，可能只读其中一篇文章就够了；有时甚至不用一篇文章，只读这篇文章中的一句话就够了。但是这句话要精彩，读的人要有感悟的能力。

我们现在有些可悲，可悲在哪儿？我是搞心血管研究的，有关心血管研究的信息一天就有约 1500 条；如果加上其他相关方面的信息，一天超过 1 万条。可是这些海量信息对提高医生的医疗水平并不见得有帮助，为什么？因为信息多并不代表信息一定有用，即使信息有用，人也要会选择、会利用，要把有用的信息变成自己的东西，变成对自己的工作、生活有用的东西。

也许有人会说，现在的社会环境不像古代那样，怎么体现"苦其心志"呢？

要知道我们体会孟子的话不是学形式，而是学精神。我经常讲民国时候，中国涌现出很多了不起的人，无数仁人志士的家庭出身很富裕，他们把家产变卖，投身中国共产党的革命事业，就为了一个理想。虽然现在不能回到过去的年代，但是精神的普世价值是永恒的。这个精神要靠自己去领悟，

在这个时代你应该怎么做，没有人告诉你具体的细枝末节，只能自己去感悟。人生需要经历，才能有感悟，才能提炼出有价值的东西来。

我们曾经开玩笑说，北京安贞医院的创始人、老院长吴英恺，如果不是出生在那样的家庭，不能够到美国读书，也不能在北京协和医院工作，而是让他当木匠，他也会是好木匠。为什么？"文化大革命"时让他扫厕所，厕所被他扫得没臭味了，扫得全院最干净。因为他做任何事都有一种认真精神。

所以我的感悟是：如果人灵通的话，是一通百通。因为他身上有一种屹立不倒的精神，学习的精神，钻研的精神。

深怀感恩之心

我作为一个普通人，能有今天的点滴成就，是有迹可循的。因为人生是由"命、运、选"三个方面决定的，其中 60% 是由自己选择的。我能有今天，主要是因为我在人生几个关键的时候选择对了，这很重要。

● 卫生部前部长钱信忠为作者题词

一个人不管能力大小、学识高低，每一步都选择了正确的方向，就离成功不远了。世界上最大的失败，就是选错方向，活一辈子没活明白。最大的成功是选对方向，知道自己有什么长处和短处，能够发挥长处、避开短处。

我今年75岁了，从医50多年，本应该安享晚年，但我觉得应该多为社会做贡献，这是我的责任，也是我的使命。医生应该感恩人民，感恩社会，吃点苦受点累不算什么，应该怀有一颗感恩之心。我的知识和智慧，都是人民给我的，尤其是病人给我很多，老师、同仁、社会给我很多。我想既然是党和人民哺育了我，我就应该把知识回馈社会，报效人民。我的原则是诚实做人，认真做事。这一生，无愧于心就是了。

健康，

既复杂
又简单

21世纪健康新观念

二十岁养成好习惯，四十岁指标都正常。
六十以前没有病、八十以前不衰老。
轻轻松松一百岁，快快乐乐一辈子。
自己少受罪，儿女少受累。
节省医药费，造福全社会。
何乐而不为？

时时思考，

处处感悟，

我的从医经历，

加上多年的健康普及实践，

让我总结出一些关于医学和健康的小经验。

医学最复杂，

因为它综合了自然科学、社会科学和人文科学，

自然科学求真、社会科学求善、人文科学求美，

也就是说，医学是一门真、善、美的学科，

是阳光下最崇高的事业。

医学也最简单，

可以概括为简单的几个字，

也可以概括为一首小诗，

掌握了它们，

你就掌握了健康的金钥匙。

世界上最复杂的不是科学、艺术或哲学，而是医学

什么是科学？科学是对客观规律的准确概括和表述。科学是用很简单、很朴素的语言，把自然界的、社会的、思维的客观规律表述出来。

什么是艺术？艺术是人类情感的自由表达。艺术反映的不是自然规律，艺术没有一定之规，艺术就是反映人类的情感，人的喜怒哀乐。它是多样化的，不同地域、不同民族会偏好不同的形式：这个民族高兴了就跳舞，那个民族难受了就唱歌，还有的是用画画抒发感情……多样化的艺术，是对人类情感多样化的反应。

什么是哲学？哲学是人类对世界的深层次的思考，是对世界观、价值观、方法论的思考，是认识范畴的事。

但是，世界上最复杂的不是科学、艺术，甚至哲学，世界上最复杂的是医学。

医学是自然科学、社会科学、人文学、伦理学综合起来的学科。只靠自然科学不一定能看好病。因为实际上人是处在社会环境中的，人的一切喜怒哀乐都和环境、境遇、适应能力相关联。医生给人看病不能只从身体或生理一个方面去诊断。为什么有的人年纪轻轻就患癌症，而有的人年纪很大却依然健康？人所患的疾病能反映出社会性问题。

因此，科学反映的是自然规律，艺术反映的是人的情感，哲学是对世界的深层思考，医学则是科学、伦理、人文、哲学的综合，不是单独的自然科学，不是单独的社会科学，也不是单独的哲学，而是需要样样都学，是世界上最复杂的一

个学科。医生不仅要知道病人得什么病，更重要的是要知道是什么样的人得病。因为人是世界上最复杂的生物，现在关于人体的科学，我们只知道一小部分，绝大部分还是不了解。我们了解外部世界，比如纳米技术，比如火星离我们有多远，然而人体生理病理的许多奥秘我们都不了解。人类可以制造原子弹、航母，却造不出红细胞、白细胞，而一个普通人的骨髓每分钟能造出成百上千万个红细胞。

我们的医学有些走偏了，学科分科太细。治病是一个系统工程，如果不是综合治理，只靠单兵推进，只把一部分部件修好，却把其他部件搞乱了，这是不行的。中医看病讲究望闻问切，讲究治病如治国，用药如用兵。中医结合了文化和哲学，它不是一种智慧，而是多种智慧融合起来。小医治病，大医治国。"德不近佛者不能为医，才不近仙者不能为医"。也就是说，医生是"仅次于神"的人，没有仁心仁术，就不能做医生。

真正的健康就是一个字——"中"

真正的健康，从本质上说就是一个字——"中"。"中"字左右对称，阴阳平衡，不偏不倚，上接天，下接地，天人合一，整个东方哲学都完美地体现在这里了。

"中"是什么意思呢？中庸，就是和谐的意思。中庸不是平庸，不是中间、中游、中立、中位。中庸是哲学。中庸就是认识规律，尊重规律，顺应规律，按照中庸的原则做事，不走极端。这样一来，做事就会井井有条，和谐有序，行云流水，天衣无缝，投入最少，收获最多。按照中庸之道做人就会大道至简、大智若愚、柔中有刚、圆中有方，处理问题恰到好处。如果掌握"中"这个字，就会身体健康、家庭幸福、事业成功，样样都很顺。

遵循"中"的精神的典型就是心脏。心脏是人体中最劳累的器官，一分钟都不能停，一停人就死了，你要活100年，它就得工作100年。成人心脏的重量只有300克左右，但它要负责全身的血液循环供给，人体全身的重量大约相当于心脏的200倍，也就是相当于一个人要为200个人提供生命的能量，工作量何其大！人们常以为，心脏之所以能工作得这么出色，全在于它勤勤恳恳、兢兢业业、不知疲倦、不分日夜地苦干。其实错了，如果真是这样的话，心脏早就"透支健康，提前死亡"了。相反，心脏恰恰是人体器官中最会休息的。

人的心脏平均每分钟跳66次，每一次心跳时间为0.9秒，其中工作时间（收缩期）为0.3秒，休息时间（舒张期）为0.6秒，即1/3的时间工作，2/3的时间休息，相当于我们的8小

时工作制。到了夜间入睡，心跳变慢为每分钟50次，这时每一次心跳时间为1.2秒，收缩期还是0.3秒，舒张期变成0.9秒，也就是1/4的时间工作，3/4的时间休息，心脏自作主张改为6小时工作制了，心脏多么有智慧！生物进化形成人的心脏这么一个理想的器官，从道到术都是非常优美，完善，精细到极致。

心脏绝不蛮干，绝不接受"连续工作"的指令，因为连续工作、不吃不喝、不眠不睡，等于死亡。所以心脏在收缩期是处于"绝对不应期"，即不接受任何指令，只有休息后才接受指令。如果指令过早发出，心脏未能充分休息就提前工作，就是临床上的"早搏"。心脏在完成工作后立即就要求同样时间的补休，只要早跳0.1秒，就要多休息0.1秒，真正做到了"有理、有利、有节"，妙不可言。综观整个心脏的工作过程，体现了劳逸结合、中庸适度、自然和谐的完美境界。但如果机体需要，心脏也会自动加班，加速工作，毫无怨言。

一些中年精英，不能把握工作与休息的平衡，浮躁、急躁、烦躁，不分日夜，连续工作，苦干蛮干，这都是对健康的无知，最终导致英年早逝。北京某高科技园区，科技人员的平均寿命不足53岁，他们真应该好好学习心脏的工作方法。曾有一位副主任医师，为参加全国性会议赶写3篇论文，连续工作72小时不吃、不喝、不睡，结果猝死在办公桌上。还有一些拥有金山银山的企业家，正当英年，却已"无可奈何花落去"，真令人扼腕痛惜。

如果我们能像心脏管理全身一样管理我们的健康，该有多好！可是我们现在经常违背自然规律。如果我们能够像心脏一样工作，有劳有逸；像蜜蜂一样生活，轻松快乐；像老子一样思考，大道至简；像婴儿一样睡觉，无忧无虑，人人都能健康 100 岁。

身体健康有一个"一二三"

你的健康、你的幸福，你将来的人生是成功还是失败，你的一生快乐还是不快乐，都有一个"一二三"。

一是指基因。现代医学研究发现，人的意志、性格都跟基因有关系。世界卫生组织经过 50 多个国家的专家研究，认为影响健康的因素中，遗传因素占 15%，这算一分。

二是指环境因素。比如我的父母是富还是穷；我所受的教育是好还是坏；我是生在城市还是偏远的山沟里……这是环境与人的关系。按照世界卫生组织的说法，环境因素包括两个方面，自然社会环境占 17%，医疗环境占 8%，加起来是 25%，这算二分。

还有一个三分是指自己的生活习惯和生活方式，自身的行为和感悟能力。这里有 3 个关键：第一，你读书了没有，你认真读书了没有？第二，你在生活中得到磨砺了没有？磨砺就像人生的磨刀石，要敢于实践，读了万卷书还得行万里路。更重要的是第三点，你感悟了没有？你能不能在读书和实践中不断地洗心革面、感悟人生，一点一点培养自身的优点？

同样是旅游，有些人看庙、参观、照相，走马观花风光游，毫无收获；有些人一进庙，看到对联，就联想人生、感悟人生。庙里有大银杏树，根深叶茂，在庙里长了千年。同样的银杏树，马路旁边的怎么就稀稀落落？仔细想一想，哦，是因为它们生长的环境不同，庙里环境好。有些人看了一个庙而感悟人生一辈子，有些人看了很多庙，拍了很多照片，还不知道庙里有什么，宗教文化里讲了什么。

　　总之，你的生活是否幸福，你的事业是否成功，你的家庭是否和谐，你的身体是否健康：先天的因素占一分；你从小生活在什么样的家庭里，父母给予怎样的教育，上什么样的学校，同学们爱不爱读书，相互的影响怎样，占二分；自己占三分，归根到底在自己。所以一分基因，二分环境，三分自身。三分自身里面，还分读书、磨砺和感悟，读万卷书是一，行万里路是二，高人指路、自身感悟是三。

常喝"四君子汤"

中华五千年文化，博大精深、源远流长，有无数的养生瑰宝，"四君子汤"是其中的一朵小花。它的组方为：君子量大，小人气大；君子不争，小人不让；君子和气，小人斗气；君子助人，小人伤人。本方中，君子的品德有 8 个字：量大、不争、和气、助人，其中有着极丰富的底蕴和哲理。

量大，海纳百川，有容乃大。现代研究认为：在成功者中，非智力因素，如意志、品德、度量等占 80% 以上，而智力因素占比不足 20%。不会做人者，就干不成事。

不争，这是一种高尚的心灵境界。老子说："夫唯不争，故天下莫能与之争。"就是说属于你的，不必争，自然会属于你；不属于你的，争也争不来，即便争来了，将来你恐怕会失去更多。对别人的成绩要由衷地赞赏、发自真心地祝贺，不要攀比，因为攀比首先伤害自己。

和气，当然要发自真诚，你好、我好、大家好，和气生财促健康，处世要外圆内方。

助人，这是精神的至高至美境界，助人是快乐之本，要学会与人同享快乐。送人玫瑰，手有余香。

漫漫人生路，风水轮流转。三十年河东，三十年河西。每个人都要面对挑战，面对困难，面对变化。这时，由性格、人格形成的心理承受力就至关重要。成功使人欣喜，但失败却是成功之母；生活五彩斑斓，但苦难却是生活的老师。所以在风雨人生路上，成败得失是寻常事，要以"青山依旧在，几度夕阳红"的心态坦然面对,心情不要大喜大悲、大起大落,更不能一时冲动,造成千古恨。本来,生活就不会都是阳光鲜花,会有斜风细雨或狂风暴雨,但雨后还是蓝天。一帆风顺是风景,逆水行舟也是风景,这样就会拥有平和的心态。正如古人所说,人一生的健康和事业实际上都取决于世界观。世界观是个总开关,有了正确的世界观,有了健康的性格、健康的人格,他看到的世界是健康的,他的前途一定是光明的。相反,有病态性格、病态人格的人看到的一定是扭曲的世界,悲观主义者的前途一定是暗淡的,古今中外都一样。

20 世纪 50 年代,马寅初老人提出人口论:中国 960 万平方公里土地,6 亿人口正好,不能太多;否则森林不够,土地不够,水资源不够,粮食也不够。他的观点非常好,结果却遭到批判,他担任的校长职务被撤,其他社会职务也先后被撤。本来很科学的理论,却遭到了不公正的批判,这么大的打击还不气死了?结果人家什么事也没有,回家后写了副对联:"宠辱不惊闲看庭前花开花落,去留无意漫观天外云展云舒。"最后他活到 102 岁,政府终于为他平反了。凭借这样的度量,这么大的打击,他都能坦然面对。

冰心,坎坷一生,活到 99 岁。梁启超曾给她题过一副对联:"世事沧桑心事定,胸中海岳梦中飞。"意思是:世上事沧桑变化,但我心事定,无论你怎么变化,我心里有数。冰心老人说得好:"有了爱便有了一切。"这句话也可以这样说:"常喝'四君子汤',让你一生都健康。"

记住 4 个 "最好"

最好的医生是自己

人生的各个要素：金钱、地位、财富、事业、家庭、子女都是 "0"，只有身体健康才是 "1"。拥有健康就拥有希望，就拥有未来；失去健康，就失去了一切。一个人能力再强、本事再大、荣誉再高、财富再多，死了也带不走一分。你只得是空空手来，空空手走。所以我们一定要关爱自己，因为健康的钥匙就在自己的手里。医学之父希波克拉底指出："病人的本能就是病人的医生。"也就是说，病人自身的抗病能力是非常强大的，是治愈疾病的主要力量。他还说："医生只是帮助本能的。"也就是说，医生只起辅助作用，健康主要靠自己。

最好的药物是时间

有病越早发现、越早治疗就越好。曾经有个尿毒症病人，就是被耽误了，结果透析花了 90 万元。其实若早发现，治疗就很简单，像高血压一样，一天一片药，3 个月到半年就好了，费用少，还不得并发症。如果耽误三五年甚至更长时间，那就不是一片药的问题了，可能需要两种药配在一起吃。如果再耽误十几年，结果脑出血了，那就不是两种药能奏效的，需开颅打洞、抽血。

如果是心肌梗死，马上到医院打上一针，半个小时至 1 个小时血栓化开了就好。可如果 6 个小时后再送医院，效果就差了。如果 12 个小时后，用药就会毫无效果，打几针都不管用。相反，如果早就医，不用打 15000 元的进口药，1500 元的国产药就管用。所以说，时间是最好的药物，时间就是生命。

最好的态度是自信

对个体而言，信心能显著提高机体的免疫力，增强免疫细胞对细菌、病毒及肿瘤细胞的天然杀伤力。一位患"非典"康复的白衣天使说得好："是自信心救了我，自信起了一半以上的作用。"自信的力量是极为珍贵的。集体心理治疗的研究表明：通过提高病人的自信心，能使癌症病人的情绪波动少、痛苦少、免疫力增强，最终生存时间比被动接受治疗的对照组患者长 2 倍。针对一组 159 名被临床医师认为活不到 1 年的晚期癌症患者，通过暗示疗法，增强了病人的信心，结果近 1/4 的病人逐渐恢复了健康，平均活了 20 个月。可见，恐慌和自信对健康与生命的影响是有天壤之别的。

最好的运动是步行

经过大量的科学研究，1992 年，世界卫生组织指出：步行是世界上最好的运动。因为人类花了 300 万年，从猿进化到人，整个人的身体结构是步行进化的结果，所以人体的生理结构最适合步行。

20 世纪 20 年代初，美国心脏学会奠基人、著名的心脏病学家、数任美国总统的保健医生怀特博士首次提出上述观

点。他创造性地将步行锻炼作为心脏病病人和心肌梗死病人康复治疗的方法，并取得良效。他建议健康成人应每日步行锻炼，并将之作为一种规律性的终生运动方式。他的权威性科学论著作为教科书影响了整整几代人。怀特博士曾经引用西方谚语："没有紧张，没有烦恼，就没有高血压。"他80多岁来中国时，住在12层楼，上下楼不乘电梯，每日步行活动。作为一代名医，其言行与处世风格堪为典范。

通过对1645名65岁以上老人的4年多的前瞻性研究发现：与每周步行少于1小时的老人相比，每周步行4小时以上者，其心血管病住院率减少69%，病死率减少73%。因此，步行应成为中老年人良好的保健运动，是预防心血管病的有效措施。

在这里，还要强调一条：动脉硬化是可预防的，动脉硬化能从无到有，也能从有到无，是可逆的。1960年我当实习医生时，老师告诉我，动脉一旦硬化，就不能逆转。到最近科学家才证实，动脉硬化在一定程度上是可逆的过程，虽不能彻底消退。走路就是使动脉粥样硬化斑块变稳定和消退的最有效方法。研究证明：只要步行坚持1年以上，就有助于硬化斑块消退。步行运动对降低血压、降低胆固醇、降低体重都有好处。过量运动有时会造成猝死，很危险，而步行运动最合适。美国运动医学会曾发表报告：有氧代谢运动比无氧代谢运动好。在有氧代谢运动中，又属步行、慢跑、游泳三大运动最好。

家庭
健康

要想身体好

要想身体好 ， 家和最重要。
家和万事兴 ， 家和百病少。
夫妻感情好 ， 就是抗衰老。
夫妻多恩爱 ， 青春就常在。
好吃家常饭 ， 好穿棉布衣。
相看两不厌 ， 还是老夫妻。
只要心态好 ， 百病都减少。
心态一不好 ， 癌症先来找。
只要心不老 ， 人就不衰老。
只要心一老 ， 肯定走的早。

要想个人健康，

首先要注意家庭健康。

因为在健康的 3 个层次中，

家庭健康最重要。

家庭像一驾构造精细复杂的马车，

需要健康、高明的驭手。

如何做一名成功的驭手？

需要我们从日常行为习惯，

从与另一半的相处，

从对子女的教育，

甚至从家庭的女主人身上，

去寻找答案。

家庭像一驾构造精细复杂的马车

健康分3个层次：个人健康、家庭健康和社会健康。其中最重要的是家庭健康，因为家庭健康承上启下、关系重大。家庭健康不仅是个人身心安宁、事业成功、生活幸福的源泉，而且还是社会健康的基石和保证。因为家庭是社会的细胞，只有家庭健康了，社会才能健康；家庭安定了，社会才能安定；家庭幸福了，社会才能幸福。

现实中要做到家庭和睦、夫妻恩爱、敬老爱幼、其乐融融，不是很容易的。大千世界物欲横流诱惑多，容易使人迷失方向。家庭像一驾构造精细复杂的马车，不是单枪匹马，因此，一般的驭手是不能胜任的。想要家庭健康，就需要智

● 1988 年作者和家人合影

慧、高明的驭手。

家不是菜园——现代社会的人们不再只满足于开门 7 件事：柴、米、油、盐、酱、醋、茶。家也不是乐园——天上不会掉馅饼，没有现成的乐园，童话中的王子、公主毕竟是少数。家可以比喻成一座花园——精心呵护，则百花齐放；不去关爱，则一片凋零。家需要慈母般的爱心，园丁般的精心和织女般的细心。男人是土壤，女人是雨露。没有责任感，没有至真至纯的爱，家就不成其为家，花园就无法鲜花盛开。

在家中，女人最需要疼爱，她们的心理很敏感，家中任何细微的变化都逃不过她们的眼睛。她们最大的心愿是亲人真心的疼爱，为此，她们愿意奉献出一切。男人最需要关怀，他们的生理很敏感，需要知冷知暖的关怀。他们最大的渴望是温柔体贴的关爱，为此，他们愿付出努力来为美好家庭支撑一片天空。

不论是疼爱还是关怀，都有一种神奇的"马太效应"，即越好越好，越坏越坏，成倍地变化。任何一方的主动都会收到加倍的奖赏。美国总统的保健医生曾给总统的建议，对家庭健康具有普遍意义。那就是提倡多相聚、共进晚餐，还要手拉手、多走走，这样感情好、误解少。对工作繁忙的夫妻而言，更应如此。

人体健康的内因是父母遗传的基因，无法改变；而家庭健康的内因是婚前的恋爱择偶，这是自己选择的。人体健康的外因是健康生活方式的四大基石；家庭健康的外因是结婚后双方的相濡以沫、共同细心呵护。家庭健康的内外因犹如车之两轮、鸟之双翼，只有都健全，夫妻才能比翼双飞，飞向美好的明天。不然，家庭就无法达到健康。家庭和谐了，家庭成员就能够保持一个健康的心态。通过建立和谐的家庭，达到身心和谐，从而实现健康的生活方式。

对家庭来说，爱首先是奉献，是付出，不是获得和索取；爱是心心相印，不是等价交换；爱是天长地久，不是一朝拥有；爱是相依为命、相濡以沫的真情，不是朝三暮四、拈花惹草的花心。

关于家庭，我写了两个段子。

上篇是：相识是有缘，相知是有福；相爱有风险，婚姻是冒险；爱情无对错，夫妻无输赢；家庭非法庭，有理讲不清；讲理狗不理，讲情就双赢；幸福在真情，不是在法庭。

家庭要幸福，互敬是白银，互爱是黄金，互让是珍珠，互谅是水晶；家是艺术品，件件含深情，夫妻用真心，艺术品才精；家庭有生命，生命很柔弱；夫妻动真情，生命才常青；夫妻有真爱，此生不白来。

下篇是：社会太浮躁，媒体太煽情；人心太易变，家庭太脆弱；千变和万变，家庭不能变；家是顶梁柱，家是无价宝，家和万事兴。

夫妻感情好，就是抗衰老；夫妻多抱抱，癌症就减少；夫妻多亲密，焦虑就减轻；好吃家常饭，好穿棉布衣；相看两不厌，还是老夫妻；如果家庭好，百病自然少。

　　如果我们没有一个和谐的家庭，身体绝对好不了，事业也不容易成功，人生也不容易幸福，而且下一代的成长也不会顺利。家庭里的感情温度高，孩子乐观、外向、积极；感情温度低，孩子容易自闭、内向、孤独，这样对他们的成长很不利。

家庭健康有"三宝"：话聊、牵手和爱窝

第一宝是话聊：话聊是谈心、交流和沟通。话聊的威力很大，通过话聊几乎家中一切矛盾、隔阂、误解、猜疑都可消除。它可以使家庭成员亲密无间，产生巨大的幸福感。

家庭成员间的互相影响是非常大的。1984 年一次全国性的调查表明：妻子劝丈夫戒烟的力量是父亲加母亲联合力量的 2 倍多，仅次于因病戒烟。另外，心理学研究证明：在人生 43 种生活事件中，"中年丧偶"的打击力度高居榜首，高达 100 分，远远超过"入狱"（73 分），由此可见家庭关系的重要性。

健康幸福的家庭中的人们，大多神清气爽，精力充沛，皮肤滋润光泽，而且很少生病。因为幸福能使体内内啡肽含量升高，生长激素浓度也高，所以机体免疫力增强。最新研究表明：对幸福的期望和预期也有神奇的效果，可使肾上腺素水平下降 70%，皮质醇下降 39%（这两种都是压力激素），而使人感觉愉悦的内啡肽增加 27%，生长激素水平上升 87%（这两种能增强人的免疫力）。

第二宝是牵手：皮肤的接触能产生明显的心理和生理效应，不仅成人的感情需要皮肤接触，婴儿和儿童也有明显的"皮肤饥渴"，轻揉和按摩对他们的身心健康有巨大益处。有些地方把结为夫妻形容为"牵手"，真是很贴切。许多琐事一经牵手都烟消云散了。

我发现有一个现象，我们容易见到海归夫妇或者是外国夫妇散步时手牵手，而我们国内呢？大多数夫妻散步时都相

距半米到 1 米，有的男的在前边走，女的在后边跟着。其实，我们应该提倡牵手。你看美国总统和夫人外出时总是手牵手的。因为"早起出门牵牵手，身心愉快向前走；晚上回家牵牵手，一天劳累无忧愁"。

第三宝是爱窝：甜蜜的爱窝从社会学、生理学、心理学角度讲都是家庭健康的重要法宝。家庭这个爱窝最核心的是夫妻间有一种非常和谐、有利健康的性爱，性爱应是夫妻间第一等的补品。但从现在的流行学调查结果看，不理想、不容易的居多，为什么呢？因为没有接受很好的教育和学习。有人问，这还要学习吗？性是一种科学，既然物理、化学要学习，性也是科学，为什么就不要学习呢？性爱是一种艺术，既然美术、音乐要学习，性爱当然也要学习。所以，我国著名医学大家吴阶平院士说：不但要对青少年进行性教育，还要对成年人和老年人进行性教育。性教育不光包括生理的，还有心理的和更重要的伦理的教育。事实上，确实是这样。有位老年人在看了一次性知识展览后，感慨万分，不无幽默地说了一句耐人寻味的话："看来，我这一辈子算是白活了！"科学、健康、艺术的性生活是家庭的、生理的、心理的、伦理的滋补品，能使双方身体健康，心情愉快，心灵净化，人格升华。这一点，万万不可掉以轻心，而且从青年、中年到老年，其重要性丝毫不减。性是伴随人终生的。与动物的性活动主要由内分泌引起不同，人类性活动的最大动力是大脑，而不是内分泌，更不是器官本身。

家庭健康取决于女主人

阿拉伯有一句谚语："教育好一个男人只是教育好了一个人，教育好一个女人就是教育好了一个家庭。"古语的"妻贤夫安宁，家和万事兴"，也是同样的意思。家庭是一个社会最基本的细胞，是每个人依存的小环境，很重要。妇女是家庭的核心，她一用心，饮食就可以搞好；她一号召，全家人就会一起去运动。

比如说，合理膳食是健康之本，怎样做到合理膳食呢？妻子是关键。营养固然要注意，但并不需要刻意追求多少克、多少千卡，每天仔细计算。在一个家庭里，操纵餐桌大权的往往是主妇，因此膳食的合理与否也就取决于她。男士常因大腹便便而提前得病，那么，谁又能管住男士的肚子，让他们少食甜、咸、油腻、煎炸、烧烤、腌熏的食物呢？当然是天天共进晚餐的女主人。

另外，健康家庭应当是无烟家庭，因为吸烟者的家，空气是污浊的，二手烟即被动吸烟，危害很大。研究表明：吸烟者家中，儿童呼吸道感染及哮喘的发病率均较高；他们上学时，数学计算能力、记忆力、思维能力均不如其他儿童。更重要的是，吸烟者的妻子肺癌患病率高于常人一倍，患乳腺癌的几率也高。所以，家庭的女主人要勇于捍卫家庭的健康。

美国前第一夫人希拉里在入主白宫后宣布："健康对每个人都是最重要的，我不准任何人在白宫吸烟。"从此，白宫结束了200年有烟的历史。一位巾帼，以自己的勇气和智

慧，让白宫无烟，捍卫了自己、孩子、家人的健康，这也说明了女性在家庭健康中所起的关键作用。

家庭里要有怎样做人的教育

有一对夫妻，是名校毕业的高才生。有了孩子以后，父母望子成龙，精心培养，并将孩子送到美国读书。毕业后孩子留在美国，成为 IT 精英、成功人士，收入很高，老两口则一直留在中国。后来，先是爸爸 60 岁出头得了鼻腔癌，怕影响孩子，不告诉孩子实情，住院做手术都是亲戚在照顾。孩子每个星期六会打电话来，妈妈千方百计编理由——爸爸外出了，爸爸干什么什么去了……编了一年多，这位爸爸也没有接过电话。可是这孩子愣是不明白，始终也没回来，没有跟他爸爸见上一面。几年后，他妈妈也生病了，还是不告诉孩子，自己生活得很清苦，冰箱里一小坨一小坨的面，就是她的一日三餐。妈妈生活的唯一支柱，就是每个周六孩子打来的电话。

这一对中国著名高校的毕业生，含辛茹苦把孩子培养成为美国的白领，而自己却变成了中国的城市贫民。在父母对子女的教育中，他们只注重了学业，而忽略了亲情和责任感。结果，他们的家庭特别不幸。

相反，另外一个家庭，虽然儿子是修自行车的，学识不高，收入也不高，一家人却很幸福，因为老人和孩子住在一起，出现头痛脑热随时都有人照顾。因此不要认为有名、有利、有地位就是幸福，不是的，幸福不是钱、地位和房子。

所以一个家庭对孩子的教育，不仅要有智力方面的教育，还要有怎样做人的教育，怎样成为社会人的教育。在做人教育方面不成功，家庭生活绝对不会幸福。

大家小书

医学家卷

　　美国著名的华裔侦探李昌钰曾经说过，人如果不接受教育，不学会做人，会禽兽不如。他早年侦破过一宗碎木机灭尸案。有一个名叫海伦的妇女失踪了，海伦的丈夫理查德是重要的嫌疑人，可是理查德先后3次顺利通过了测谎仪的检验。后来根据一位铲雪车司机提供的线索，李昌钰派人在半米多深的雪地里融雪收集证据，找出了8个可能停放碎木机的地方。他们按照顺序一块一块地融化积雪，结果找到了56片碎的人骨，2660根头发，3盎司的尸体碎块，1颗牙齿。

　　最终，靠着这千分之一的人体物证，李昌钰和同事经过5000多项检验后证实：这些都属于同一个人——海伦，杀害她的正是她的丈夫。你看，没有人性的人就会这么残忍，真是禽兽不如。

难忘崔琦的眼泪

还有一个让我难忘的故事，是著名电视主持人杨澜讲的。

作为高端电视访问节目主持人，杨澜已采访过几百位全球名人，其中包括美国前总统克林顿，前国务卿基辛格、布热津斯基，等等，她也采访过。在几百个世界名人中，杨澜最难忘的是1998年诺贝尔物理学奖获得者、美籍华人崔琦。

崔琦出生在河南宝丰县，乳名叫"驴娃儿"，直到10岁也没有出过自己的村子，每天帮助父亲做农活，养猪放羊。他12岁的时候，姐姐为她找到一个机会，可以让他到香港的教会学校去读书。他的父亲是一位不识字的农民，觉得家里就这么一个儿子，已经到了帮着干农活的时候，不愿意放儿子走。但他的母亲对儿子有更高的期望，坚持要把儿子送出去念书。小崔琦舍不得离开家，母亲就安慰他说，下次麦收的时候你就可以回来了。然后母亲把家里剩下的一点粮食给他做了几个馍，装在小包袱里。这样小崔琦就跟着亲戚远走他乡，坐了一个星期的火车到了香港。但他没有想到的是，从此他再也没有机会回到自己的家乡，而他的父母就在20世纪50年代末期的大饥荒中饿死了。

杨澜试图从传统成功学的角度解析崔琦，就问他："有没有想过，如果当年母亲没有坚持把你送出来读书，今天的崔琦将会怎样？"此时，她内心期待的回答或许是知识改变命运。但是他却说："其实我宁愿是一个不识字的农民。如果我还留在农村，留在父母身边，家里有一个儿子毕竟不一

大家小书

医学家卷

样，也许他们不至于饿死吧。"崔琦后悔得流下了眼泪。

杨澜也流泪了。她这时多么希望当时聘请的两位美国摄影师能推出近景，来一个特写镜头。让杨澜惊喜的是，在审片时真的出现了这一特写镜头。杨澜问两位摄影师："你们听不懂中国话，怎么会拍下这一感人的场面？"摄影师回答："你们不是在谈论妈妈吗？在全世界，'妈妈'这两个字都是相通的。"

这次访谈让杨澜的心灵受到巨大的震撼。诺贝尔奖也好，科学的成就也好，社会的承认也好，都不足以弥补崔琦先生失去的亲情和永远的心痛。这就是一个有良心的人表现出来的人性，是人性中的温暖，这种温暖同样感动着我。我认为这么感人的故事任何编剧都编不出来，杨澜采访了几百个世界名人，他们说了那么多话，在我看来都不如崔琦先生的话感人。

合理膳食

合理膳食

一二三四五 ， 红黄绿白黑.

什么都吃 ， 适可而止 .

七八分饱 ， 营养正好.

饭前喝汤 ， 苗条健康.

饭后喝汤 ， 越喝越胖.

两把蔬菜一把豆， 一个鸡蛋二两肉.

粗粮细粮六七两， 少油少盐最理想.

一荤一素一菇 ， 粗粮细粮豆腐.

不争不恼不怨， 爱心宽容大度.

不胖不瘦不堵， 天天早晚走路.

饮食是什么？

饮食是一种奇妙的艺术，

它是中华文化的重要组成部分，

其中充满了智慧和乐趣。

饮食对健康的影响至关重要，

合理膳食是健康基石的头一条。

如果你能解决好餐桌上的问题，

经营好你的食谱，

管理好你的油、盐用度，

培养好你的用餐习惯，

我相信，

健康就不会远离你。

饮食——奇妙的艺术

饮食是什么？

孟子说："食、色，性也。"《礼记》说："饮食男女，人之大欲。"

其实，饮食除了动物性功能外，还有更深的文化内涵。

饮食不仅是果腹，也不仅是补充卡路里、蛋白质、糖、脂肪酸和维生素等，饮食还是一种文化、艺术、礼节、快乐和享受。最重要的，饮食还是一种正心、修身、待人、接物、

治家、治国的大智慧。

这些话是英国著名的汉学家、英国剑桥大学李约瑟汉学讲座教授胡司德在《早期中国的食物、祭品与圣贤》一书中说的。他在书中指出：治国如同做菜，治大国若烹小鲜，中国的饮食文化蕴含了深刻的哲学思想、人生之道和生存之道。

胡教授说："作为一个研究中国古代史的学者，通过多年来研究历史文献，我发现早在2000多年前，烹饪艺术就为中国的哲学和政治思想提供了许多关键的理念和暗喻。在对历代帝王、圣贤和政客的描述当中，常常引用烹饪方面的暗喻，许多形象化的叙述都源自饮食文化，这些象征性含义至今仍影响着中国社会，这让我感到很好奇。"

据胡教授研究显示，许多为中国历代君主出谋划策的大臣、谋士和谏言者都是厨师或屠夫出身。他说："厨师、屠夫或侍应这类职业将一些塑造领导力所需的才能具体化了。比如为了不让任何一种味道太重而盖过另一种，所有烹饪调料都应同比放入，而且鱼肉等荤菜及素菜也应有恰当的比例，这恰恰体现了我们常常所说的和谐、公正和阴阳平衡。此外，切肉时等量下刀和送菜时恰当分配也表达了秩序和规范的观念。"

商朝的开国大臣伊尹是有史书记载以来中国历史上的第一位贤佐。他本是一位烹饪技术高超的御厨。但有一段时间，他给商汤王做的饭总是太淡或太咸。

当被问及此事，他在解释时借机阐述了自己的治国主张：

"做菜既不能太咸，也不能太淡，要调好作料才行。火候也是一样，过大过小都会影响滋味。治国如同做菜，要通盘考虑，既不能操之过急，也不能松弛懈怠。尤其烹鱼鲜时，更不能随意翻来翻去。只有食材、烹调与程序都恰到好处，才能把事情办好。"自此，他得到了商汤王的提拔重用。

胡教授以伊尹为例，讲述了他是如何从一代名厨成为一朝贤相，并以自己的烹饪技术和艺术启发商汤王执政的。

同时，胡教授还认为："知道应当何时、何地、以何种方式得体地吃饭，在适当的时候夹菜、敬酒，以恰当的方式邀请别人参加宴席，周到地在席间招呼客人、觥筹交错等，这些都是成为优秀君王应具有的品质。"

宴会重在社交

与许多西方人不同，中国饭局酒桌上的"饮食文化"十分深奥。胡教授对此深有体会。他甚至把剑桥的高桌晚宴与中国古代皇宫里的国宴作比较。他说："许多正式的晚宴或宴会，它的重点并不是吃饭或消费本身，而是以互动交流、了解对方、交换意见或介绍彼此为主。"

在中国，无论是古代还是现代，饭局都有一定的政治或商务含义在内。比如餐桌上座位的安排要体现宾客的身份地位；夹菜的时候也要按尊卑分先后顺序；无论是敬酒还是回敬都要遵照来宾的贵贱等级；此外，贵宾与普通客人使用的餐具器皿也会有所不同。同时，宴会也是帝王试探臣子的好

机会。许多皇帝都会以宴请政治敌人为阴谋手段，再借机削弱他们的力量或趁势将他们铲除。酒后吐真言，诗人能"斗酒诗百篇""把酒问青天"，战士会"醉卧沙场君莫笑"，帝王则"杯酒释兵权"。酒杯虽小，却演出了中国历史上一个个精彩的故事。

中国的饭局让这位英国教授佩服得五体投地，不由得联想到剑桥大学的正式高桌晚宴，几乎是异曲同工。他说："在当代社会，如果你想与人沟通交流，拉近感情，最好的润滑剂通常都是邀请他们吃饭。在餐桌上，'礼'非常重要。如何在宴会中表现得体，代表一个人的修养和品位。带学生们参加这类正式晚宴，本身也是一种礼仪和社交教育方式。"胡教授认为不但应教学生们读书，还要教他们学做人。

食物影响品性

"吃不言，睡不语"是中国家喻户晓的一句古训，而儒家学派创始人孔子粗茶淡饭的饮食哲学给胡教授留下了深刻的印象。他说："我自己也喜欢粗茶淡饭，因为粗茶淡饭本身就体现了中国圣贤简洁朴素的理念，不暴饮暴食也体现了自律和节制有度的君子之风。"正如中国百姓常说："好吃家常饭，好穿棉布衣。相看两不厌，还是老夫妻。"

此外，孔子在重要的官方场合，十分懂得把握饮酒分寸。虽然在宫廷中常常需要出席各种酒宴，但孔子从未让自己喝醉过。他深知，酒后失态有失身份。

胡教授还相信，从食物中摄取的营养会影响一个人的品德、性格和健康，也就是"一方水土养一方人"。现代营养研究和膳食流行病学也已证明：北方以肉食、面食为主的游牧民族与南方以蔬菜、米饭为主的民族，在性格、体格和文化上迥然不同。

　　日本进行的一项研究也证明：同一民族，移民后因膳食结构变化会导致血脂变化及之后的冠心病发病率差异。东京人以东方膳食为主，血脂及冠心病发病率低；旧金山的日本移民以西方膳食为主，血脂及冠心病发病率最高；夏威夷的日本移民则介于两者之间。这非常有力地证明了膳食作为生活方式的重要部分对心血管病的影响。

　　新近的研究表明，自 1950 年开始，美国印第安人由于生活方式发生了改变，导致糖尿病发病率高达 50%，而且发病年龄较早。到 21 世纪初，印第安人的冠心病、脑卒中和心力衰竭的发病率显著高于其他种族。而相反，北欧的"千湖之国"芬兰在 20 世纪六七十年代，其冠心病死亡率曾高居全球第一。当时老师问小学生谁的父母因冠心病去世，竟有近 1/3 的孩子举手，此事震惊了政府。1972 年开始，由政府倡导，芬兰全国大力推行健康的生活方式，特别是在饮食上以植物油代替动物脂肪，饮用低脂牛奶，减少黄油的使用，增加蔬菜水果的摄入等。结果，30 年后，男性心血管病和冠心病死亡率分别下降了 68% 和 73%，癌症死亡率也下降了 70% 以上，男女的预期寿命分别延长了 7 年和 6 年，成为医学史上著名的"北加里亚的曙光"现象。

人们都恐惧癌症，害怕癌症，但却由于病因不太清楚而难以采取有效措施。美国曾对 3365 位属于胃癌高危人群的个体进行了 20 年随机双盲对照研究，结果表明：血液中维生素 C 含量较高的人比含量低的人胃癌发病率少 80%，比消灭幽门螺杆菌更有效。这恰恰验证了那句谚语：一天一苹果，医生远离我。多吃新鲜蔬菜水果，尤其是按照彩虹食谱——红黄绿白黑来吃，则不用费什么力气就能轻易使胃癌发病率大幅度减少。

总之，饮食不是简单的果腹。许多人匆匆忙忙吃完一顿饭，当作完成了任务，还有的人甚至一日只吃两餐，这都是忽视了饮食的重要作用。饮食是一种历史悠久的文化、艺术、快乐和享受，中华饮食之道含有深刻的为人处世、待人接物、齐家治国的哲理。而从健康和医学角度看，饮食则更是意义重大。

让我们共同学习和接受金庸先生倡导并身体力行的"慢生活"主张，行动放慢半拍，心情放松一下，呼吸变慢一点，最后"慢就是快"，人生的成就会更大。

餐桌上的"一二三四五"

民以食为天，合理膳食是健康四大基石的头一条。合理膳食的内容特别复杂：每天需要 2200~2400 卡路里热量，300 毫克胆固醇，30% 以下的脂肪酸，等等。我们把它提炼成 10 个字："一二三四五，红黄绿白黑。"做到这 10 个字，基本就算合理膳食了。

一是指每天喝一杯牛奶。牛奶有什么好处呢？曾经有一个著名的实验，在英国的一个孤儿院里进行。孤儿被分为两组，吃的东西一模一样，除了其中一组每天加一杯牛奶，另外一组没有。结果当他们长到 15 岁时，每天多喝一杯牛奶的孤儿平均身高比不喝牛奶的高 2.8 厘米，每天喝两杯牛奶的孤儿平均身高高出 4.5 厘米，更重要的是他们肌肉发达、皮肤细腻、头发有光泽、人也聪明。后来，社会上的单位来挑选合适的孤儿带出去培训上班，结果第一批被挑走的全都是喝牛奶这一组的，但来挑选的人并不知道谁喝奶谁不喝奶。由此可见，一天一杯牛奶，对孩子的影响很大。

当年日军侵华的时候，日本兵大多都是小矮个、罗圈腿。现在东京和北京的中小学生进行体格比赛，结果东京的中小学生超过北京的中小学生。什么原因呢？二战结束之后，日本政府痛下决心，给中小学生每人每天一袋免费牛奶，于是日本孩子的体格一代超过一代。所以日本人有一句话：一袋牛奶振兴一个民族。

联合国粮农组织还专门定了每年的 6 月 1 日为"世界牛奶日"。世界上公认牛奶是人类最接近完美的食物。不过，

不同年龄段的人群要区别对待。例如1岁以内的婴幼儿不要喝牛奶，要喝母奶，1岁以上才可以开始喝牛奶。

而中老年人喝牛奶都有很好的保健作用。如果中年人每天能喝一两杯牛奶，加上适量运动，体质肯定能上一个档次，最重要的是骨骼会很结实。因为人的骨骼到了更年期以后，骨质的流失一定会超过生成，如果中年人坚持喝牛奶，骨骼钙值含量越来越高，将来就不容易患上骨质疏松。老年人喝牛奶就更好了，动脉硬化会变慢，血压会降低，心脑血管病也会减少。

所以说，要从1岁开始，终生喝奶，这样奶蛋白和钙能一辈子保护你的健康。

但也许有的人喝奶会腹泻，那可以从少量开始，如1/4杯，逐渐增量，一般三四个星期就能适应了。如果不能适应，就先喝酸奶，实在不行就喝豆浆。总之一句话，一定要补钙。中国人的传统饮食有很多优点，但是缺钙，因此中国人特别要注意补充钙质。

二是指每天吃250克的主食。每天摄入250～400克碳水化合物，相当于5～8两主食。当然，这个量不是固定的，有些年轻人干活重，一顿就要吃一斤半。有些女同志胖胖的，工作量又很少，一顿吃2两就够了。通过调控主食来调控体重，是最好的办法。

三是指每天保证三份高蛋白。一份高蛋白就是1两瘦肉或者1个鸡蛋，或者2两豆腐，或者2两鸡肉、鸭肉或鱼虾，

● 有粗有细，合理搭配

或者半两黄豆。这些食物中含有人体所需的高蛋白。人不能完全吃素食，一点肉都不吃，这是由人类的进化结果决定的。

人类一般有32颗牙齿，其中4颗尖牙，28颗门齿和臼齿，这是自然进化而来的。尖牙是用来吃肉的，门齿像刀子，用来切蔬菜、水果，而吃五谷杂粮是用后面的臼齿。老虎所有的牙齿都是尖牙，所以它是肉食动物。牛和羊都没有尖牙，只有门齿，所以它们是草食动物。人类这3种牙齿都有，跟黑猩猩、狗熊一样，是杂食动物。自然界是这样设计的，人也只有杂食，才会有合理的营养。

四是指牢记四句话——有粗有细，不甜不咸，三四五顿，七八分饱。"有粗有细"是指精粮粗粮合理搭配，一个星期吃三四次粗粮，如棒子面、老玉米、红薯，等等。"不甜不咸"是指既不要吃太多甜的，也不要吃得太咸。"三四五顿"是指每天的用餐次数。"七八分饱"意思是说当离开饭桌时处于还有点饿、还想吃的状态。

五是指每天吃 500 克蔬菜水果。预防癌症的最好办法，就是常吃新鲜蔬菜和水果。它们有一个特殊作用，能减少患癌症的几率。河南有个林县，曾经是全世界食道癌发病率最高的地方。后来，研究人员给当地人补充一些维生素和矿物质，让他们多吃新鲜蔬菜和水果，当地居民食道癌的发病率明显下降。500 克蔬菜和水果相当于 8 两蔬菜、2 两水果，预防癌症的效果最好。

彩虹食谱——"红黄绿白黑"

合理膳食除了餐桌上的"一二三四五",还有一个彩虹食谱——"红黄绿白黑"。

红,是指每天一个西红柿,或喝少量红葡萄酒。特别提醒男同志,每天吃 1 ~ 2 个西红柿,可使前列腺癌发病率减少 45%。西红柿做菜吃更好,因为西红柿里的番茄红素是脂溶性的。

另外,如果是健康人,且无禁忌证,每日可喝 50 ~ 100 毫升红葡萄酒,有助于升高高密度脂蛋白胆固醇及活血化瘀,减少中老年人动脉粥样硬化发病率。西方 27 个国家流行病学研究表明:冠心病病死率与葡萄酒的消费量成反比。例如法国人喜好饮葡萄酒,法国的冠心病发病率仅为美国的 1/3。但不提倡无饮酒习惯者以饮酒来预防冠心病。

黄,是指含维生素 A 较多的黄色蔬菜瓜果,例如:胡萝卜、红薯、南瓜、玉米等。中国人的膳食中普遍缺钙、胡萝卜素和维生素 A。这样会导致免疫力下降,小孩容易感冒发烧,患扁桃腺炎,引起消化道感染;中年人容易得癌症,动脉硬化;老年人容易眼花,视力模糊。补充维生素 A,可使儿童、成人提高免疫力,增强抵抗力;使老年人的视力得到改善,减少感染和肿瘤发病机会。

绿,是指绿茶和绿色蔬菜。绿茶的保健作用,是由它含有的特殊成分决定的。据测定,茶叶中的化学成分达 300 多种,包括生物碱、维生素、氨基酸、茶多酚、矿物质等。这些成分有的可以防病、治病,有的可以达到营养保健作用,

● 绿茶对人体有很好的保健作用

有的兼而有之。

　　茶叶中最重要的生理活性物质是生物碱，主要有 3 种：咖啡因、茶碱、可可碱。其中咖啡因对人的神经系统有广泛的兴奋作用。饮茶后，大脑皮层即可出现精神兴奋，使人思维活跃，增强记忆，提高对外界的感受力，消除瞌睡，减少疲乏。饮茶与饮酒不同，饮茶能保持清醒的理智和自控能力，使人更具睿智和风度，与酒后多言失态截然不同。

　　茶还含有 10 余种水溶性和脂溶性维生素。每百克茶叶含维生素 C 100 ～ 500 毫克，绿茶的维生素 C 含量比红茶高。

维生素 C 能帮助胆固醇转变为胆汁酸，既有助于降低胆固醇，又有助于防止胆结石形成。维生素 C 又是解毒、防辐射、防重金属伤害、防疲劳和感染的能手，并能最终抑制致癌物的形成。

另外，茶叶中有茶多酚类化合物，能促进脂类化合物从粪便中排出，降低血胆固醇，有助于减肥和防治动脉粥样硬化。茶叶中还有氨基酸和多种矿物质元素，对人体都有重要作用。

白，是指燕麦粉和燕麦片。燕麦有什么好处？1963 年，美国的研究者偶然发现，病人吃了燕麦以后，身体好得更快，就做了很多实验。最后发现燕麦里的植物纤维能够使大便更通畅，而且燕麦里含的脂肪、胆固醇较低。

中医非常重视肠道通畅，一个人如果每天肠道都很通畅，病就少了。美国人的食物比较精细，很多美国人 2 天一次大便，有的人甚至 3 天一次。而非洲人粗茶淡饭，一天 2 次大便，有的人一天 3 次大便。结果美国人的乳腺癌、结肠癌等许多疾病的发病率是非洲人的 3 ~ 6 倍，因为非洲人一天大便 2 ~ 3 次，肠道里的各种毒素都随大便排出来了。如果不及时排出这些毒素，这些毒素就会瘀积发酵，毒害越来越大。大便通畅了以后，不仅癌症发病率下降，患脂肪肝的几率也会大大减少。

老年人服燕麦粥时，水宜多放。煮开后用文火再煮约 10 分钟，然后再加入牛奶，烧开即可食用。这样既可降血脂，又能补钙，一举两得。

　　黑，是指黑木耳、黑豆、香菇等。黑木耳对人体很有益处。动物及临床试验表明：它可以降低血胆固醇和血黏度，减少脑血栓和冠心病的发病率。一些老年人得血管性痴呆症，就是因为血黏度太高，很多毛细血管慢慢地堵塞了。每天吃5～10克黑木耳，做汤做菜都行，对缓解症状很有效果。

　　这"一二三四五，红黄绿白黑"，都是普通的粗茶淡饭，但是都来自大自然，是自然界给人的恩赐。

什么都吃，适可而止；七八分饱，营养正好

有个冠心病患者，他请教大夫说："我有冠心病，饮食该注意些什么？"大夫就反问他："你平常喜欢吃什么？"病人说："我最喜欢吃的就是红烧肉、东坡肘子、南京板鸭、猪头肉。"医生说那肯定不行。"我吃猪肝行吗？""猪肝更不行了，猪肝胆固醇高，脂肪也多！""那吃西红柿炒鸡蛋，可以吗？"大夫说："不行，鸡蛋胆固醇也高。""这么好的东西都不能吃，那吃西瓜行吗？""西瓜也不行，西瓜糖分高。""我吃香蕉呢？""香蕉热量还大呢！""照您这么说下来，我活着还有什么意思呢？所有好吃的东西都不能吃！"

其实医生错了，医生只是从卡路里、胆固醇的角度来考虑问题，没有想到膳食是一种文化，吃饭是家庭的乐趣，"食、色，性也。"如不能吃美味，一个人一生的快乐就减掉了一半。一日三餐都不能跟家里人一起吃，因为你这个不能吃、那个不能吃，家里怎么做饭呢？如果不能和爱人、孩子每天一起吃晚饭，共享天伦之乐，这个家庭就残缺了。

曾经有个病人，医生说他有 36 种食物不能吃，后来发现尿酸也高，而尿酸高的人又有 26 种食物不能吃，加起来就有 60 多种食物不能吃。他问我该怎么办，我告诉他两句话。

第一句话，什么都吃。食物的种类越多，品种越杂，对健康越好。中国营养学会的《中国人健康膳食指南八条》提出，1 个星期要至少吃 25 种食物，粗粮、细粮、肉、菜、蛋、奶、瓜、果等什么都吃。身体最少需要 40 多种营养素，单独任何

一种都满足不了人体的全部需要，因此食物一定要互补，种类越多越好。中国营养调查发现，很多青少年和成人都缺铁、缺锌、缺钙、缺碘，这是偏食造成的；很多人肥胖，这个指标高、那个指标高，这是贪食造成的。所以饮食要不偏、不贪。食物的种类越多越好，但是唯独一类东西千万别吃，那就是国家法律明文规定的珍稀动物、野生保护动物。

第二句话，适可而止。老中医养生的秘诀是："若要身体安，三分饥和寒。"意思是不让孩子大人受点冻、受点饿，身体好不了。美国人用 200 只猴子做过一个动物实验，让 100 只猴子随便吃，另外 100 只吃七八分饱。10 年下来，随便吃的一组猴子，胖的多、肚子大的多、血脂高的多、脂肪肝的多、冠心病的多，10 年当中病死了 50 只。只吃七八分饱的一组猴子，10 年下来，苗条、健康、精力充沛、活蹦乱跳，10 年当中只死了 12 只。后来又养了 15 年，所有随便吃的胖猴全都死了，活下来的都是吃七八分饱的这一组猴子。最后他们得出一个结论：要想健康长寿，吃饭就得七八分饱。这是保持健康的一个重要方法。

有一次我在一个机关单位讲课，保健医生说："我们单位待遇特别好，但'三高'等各种慢性病患者很多。"中午他请我在机关食堂吃顿便饭，肉菜、凉菜、点心、水果，丰盛极了，只要 1 元钱，大家随便吃。结果在这种情况下，长期下来，身体肥胖、患高血压和脂肪肝的人非常多。

那么，我们胖了以后怎么减肥好呢？也是两句话："七八分饱，营养正好；饭前喝汤，苗条健康。"什么叫七八分饱？当吃饭吃到还有点饿、还能吃、还想吃时，赶紧离开饭桌，这时候就是七八分饱。饭前喝汤怎么会苗条健康呢？因为生理学研究发现，汤一进到胃里，就会通过神经反射到大脑，抑制食欲中枢的兴奋，饭量会自动减少，而且吃饭速度会变慢。饭量减少、吃饭变慢形成习惯后，就能苗条健康。而饭后喝汤，会越喝越胖，因为本来已经饱了，再喝汤就又增加了多余的营养。

健康吃油三主张

当日子越过越好，生活越来越富足时，人们会发现，肥胖、糖尿病、心血管病也紧跟其后，病越来越多。民以食为天，因而合理膳食就显得越加重要。据世界卫生组织报告，在健康的四大决定性因素中，个人生活方式占了60%。在个人生活方式里，合理膳食占了13%，也就是说"药补不如食补"。而健康吃油是合理膳食的重要部分。据中国营养学会推荐，日常烹饪用油在每日25克左右为宜，但调查表明，大城市居民用油量已达每日80克。

用油不合理，一是会引起肥胖，二是血胆固醇也会增高。猪油等动物油脂及黄油都属于饱和脂肪酸，食用过多，不仅易导致血液总胆固醇升高，更重要的是会使"坏胆固醇"即低密度脂蛋白胆固醇增高，直接导致动脉粥样斑块形成。所以人们应尽量少食含饱和脂肪酸的油脂。

研究证明：西方7国居民比较，不论种族，凡是膳食中的动物脂肪和胆固醇摄入量高的，其居民血胆固醇浓度和冠心病发病率就高，即脂肪摄入越多，越易得冠心病。但唯独地中海地区的居民因"地中海膳食"中偏好橄榄油且蔬菜水果较多，而始终保持较低的冠心病发病率，这与橄榄油中的大量单不饱和脂肪酸有关。

一项名为"日本移民"的研究选取了3组研究对象：一组是住在东京的日本人，一组是住在美国加州的日本人，一组是住在夏威夷的日本人。东京的日本人吃的是东方膳食，加州的日本人吃的是西方膳食，夏威夷的日本人的膳食特点

● 合理用油，身体健康

是东西方结合。结果东京的日本人的血胆固醇最低，冠心病的发病率也最低；加州的日本人的血胆固醇最高，冠心病的发病率也最高；而夏威夷的日本人的冠心病发病率则居中。因此这表明，同一种族的人，膳食中的脂肪含量与冠心病也是息息相关的。

那么，我们该怎样合理用油呢？在日常生活中，动物油与植物油的比例应为：1/3 动物油，2/3 植物油。其中，植物油的营养配比比较合理，含有多不饱和脂肪酸和单不饱和脂肪酸，营养全面。另外还需注意，每种食用油所含的各种脂肪酸比例都不相同，因此需要有针对性地合理选择多种食用油搭配使用，这样才能提供人体所需的均衡营养。

关于如何合理用油，具体来说有3个建议。

第一，用油减半。这里是指传统用油量要减半。大城市居民现在的每日用油量为80克，如果按照营养学家建议的每人每日25克，可能会有很多人不适应，难以改变。因此建议日常生活中用油量先减一半，血脂高的人减2/3。

第二，合理搭配。我们老百姓在平时用油时，应适当搭配一些高端食用油，如红花籽油、橄榄油、野茶油、核桃油、山茶籽油等，比如我们每买3斤花生油，可以搭配1斤核桃油。人体的大脑细胞、神经系统发育都需要这种含有大量不饱和脂肪酸的食用油。

第三，低温食用。做菜用油时，要注意油的温度，高温情况下油氧化快，营养会被破坏。油氧化后还会产生过氧化物和一些致癌物质，过氧化物会影响人体的心血管功能。

管好你的盐勺子

根据每日用盐量，我国的膳食习惯可分为 4 种类型：广东人平均每天食用 6 ～ 7 克盐，最清淡；上海人平均每天食用 8 ～ 9 克盐；北京人平均每天食用 14 ～ 15 克盐，这样就多了，应该减掉 1/3 ～ 1/2；食盐吃得最多的是东北人，每天 18 ～ 19 克，要减掉一半以上。调查表明，东北人高血压、脑卒中的发病率较高，广东人发病率较低。其中原因当然有很多，但吃盐多少是其中一大因素。据调查，我国河北、北京地区为心血管病、高血压病的高发地区，专家认为与食盐摄入多、口味重有关系。

世界公认的每人每日摄入的食盐量为 5 克，我国居民每天摄入的食盐量不应该超过 6 克。如果摄入过多，就可能导致高血压。高血压患者每天所食盐量应在 6 克以下。大家注意，这里说的食盐量还得算上调味品、作料、半成品等的含盐量，把它们全部加起来，总量不能超过每天 6 克。如果食盐的摄入量严格控制在每天 6 克以下，大多数轻度高血压患者的血压可降到正常水平。所有的高血压患者在药物控制加上饮食控制后，都能取得很好的降压效果。

北京市有关部门自 2007 年开始实行"限盐行动"，向几百万个北京家庭免费提供限盐小勺，确保每家都能拥有一把定量盐勺，从而促进居民养成良好的用盐习惯，有效预防因食盐摄入过多引发的各种疾病。

具体来讲，一个三口之家，一个月下来，食盐摄入量应该控制在300 ～ 350克，酱油使用量应该在1瓶到1瓶半之间。

● 使用定量盐勺，合理控制用盐量

　　既然吃盐过量这么不健康，很多人的口味又偏重，该怎么办呢？你可以试试下面几种方法。

多吃新鲜蔬菜，多用其他调味品

　　新鲜的蔬菜味道鲜美，有的还可以生吃。在烹调的时候尽量少放盐，就能保存食物原来的味道。在煮菜时，不妨多用醋、辣椒、胡椒、桂皮、八角、芥末、芝麻、核桃、紫菜、香油等调味品。这样一来，味道丰富，用盐又少。

自己动手，集中放盐

外卖和饭店的食物大多偏咸，消费者对盐量没法控制。特别是那些自己喜欢吃但又偏咸的食物，实在让人难以舍弃。那怎么办呢？有一个办法：自己动手，自己做饭做菜。

在每日6克食盐的范围内，将食盐分别放入各道菜中，结果可能使每一道菜的味道都很淡。因此，如果在某道菜里把盐放够，其他菜尽量减少盐量或不放盐，这样总盐量就控制住了，饭菜的美味还照样享受，可谓一举两得。

适量运动

适量运动

你拍一，我拍一，一直拍到七十七.
深呼吸，下蹲起. 十点十分去看戏。

运动"三有"：

有恒、有序，有度。

运动"三不"：

不攀比，不争强，不过度。

一位法国医生讲过：

"运动可以代替药物，但没有一样药物可以代替运动。"

医学流行病学的研究反复证明：

体育运动能全面提高人的体质，

还能够延长人的寿命，

有效预防多种疾病。

生命在于运动，

这是一个简单的道理。

然而如何形成正确的运动理念？

又如何选择合理的运动方式呢？

生命在于运动

医学之父、古希腊名医希波克拉底说过："阳光、空气、水和运动，是生命和健康的源泉。"这句话被人们传诵了 2500 年。就是说，你要想得到健康，运动同阳光、空气和水是一样重要的，由此即可看出运动的重要性。

古往今来，人们总在孜孜不倦地追求健康和长寿，但总是失之交臂。原因是他们付出高昂的代价，却忘记了"生命在于运动"这一身边最朴素的真理。

在古代奥林匹克运动的发源地、世界文明古国之一的古希腊，人们自古以来崇尚体育运动和人体的自然美，不论绘画或雕塑，处处洋溢着生命的活力、健康的美。在爱琴海旁的山崖上，至今保留着古代的岩刻："您想变得健康吗？您就跑步吧；您想变得聪明吗？您就跑步吧；您想变得美丽吗？您就跑步吧。"

不仅如此，医学流行病学的研究也反复证明：体育运动能够改善生活质量，提高免疫力，延长人类寿命，并在很大程度上有效地预防高血压、冠状动脉硬化、脑卒中、非胰岛素依赖性糖尿病、骨质疏松症、结肠癌、乳腺癌等主要慢性非传染性疾病；此外，运动还有减肥和调整神经系统的作用。

生命在于运动——这是一个永不过时的口号。坚持锻炼有利于健康，它可使您的血液变得"富有"，血管富有弹性，血压降低，肺活量增加，心肌更加强壮，心率降低，骨骼密度增强；运动还可以控制体重，使形体更趋健美，预防肥胖；运动还能提高肌体工作能力、激发和增强肌体免疫力、改善不良情绪。

　　更为重要的是，积极运动的人，外表和身体机能都处于良好状态，性格开朗，对生活充满信心。18世纪一位法国医生讲过："运动可以代替药物，但没有一样药物可以代替运动。运动是最好的安定剂。"也就是说，运动不但是保持健康的良药，还是治疗失眠的良药。

运动不是时间问题，而是观念问题

有一次我去中央电视台《实话实说》录节目，一个白领女同志说："洪教授，您讲的体育锻炼很好，可是我们很忙，想做运动但是没时间运动，怎么办？"

运动不运动，不是时间问题，而是观念问题。只要是想运动、爱运动，即使是国家领导人也都有时间运动；没有运动的观念，即使有时间，也会看电视、玩电脑、喝咖啡、聊天去了，而不会去运动。西方八国峰会开会期间，每天早上非常精彩：有打拳的，有跑步的，有做操的。各国领导人是那样的忙，尚且每天坚持运动，更何况咱们呢？

只要想想运动的好处，运动使你健康、聪明、美丽，运动可以代替许多保健品，运动可以提高抵抗力，运动使你大学毕业后能"为祖国健康工作50年"，你就会发自内心热爱体育运动了。

据一项中美国际协作的研究表明：每周步行3～5次，每次步行30分钟达到3公里左右，即能非常有效地降低糖尿病的发病率。每周步行3、4、5次，糖尿病的发病率分别下降15%、33%和42%。得了糖尿病，病人的生活既麻烦又痛苦，既然走走路就能预防，何乐而不为？

走路还能预防冠心病。1993年，美国学者对62例劳力性心绞痛病人进行研究，经冠脉造影前后对照研究发现：运动干预组平均每周耗能1876千卡，相当于每周运动5天，每次步行或慢跑2.6公里。一年后冠脉斑块消退者（指斑块狭窄减少>10%的患者）为28%，对照组为6%。而斑块狭窄加重者在运动干预组为 0%，在对照组为 45%。而全组中，凡每次运动量在 4.2 公里以上者，斑块几乎全部呈现消退趋势。1997年，另一项对 1645 名 65 岁以上老人持续 4 年的前瞻性研究发现，每周步行 4 小时以上者，其心血管病住院率、死亡率减少约 70%。

最好的运动是步行

我 1961年大学毕业时体重62公斤，到现在毕业46年了，体重从62公斤涨到64公斤，46年只增加了2公斤。当年血压是110/70mmHg，现在血压是120/80mmHg，有什么秘诀没有？其实，我就是爱走路。几十年来风雨无阻，每天坚持早上走半小时、晚上走半小时。循序渐进，持之以恒。运动不限于哪一种形式，是保龄球好，还是游泳好？只要你坚持，任何一个都是很好的，要是不坚持，什么运动都没用。据美国运动医学协会2010年报告，世界上最好的有氧代谢运动有3项：步行、慢跑和游泳。1992年，世界卫生组织指出：步行是世界上最好的运动。走路可以减少糖尿病的发生，走路可以降低高血脂，走路有助于动脉硬化软斑块的消退，走路可以使脑子清楚，走路能减少摔跤，走路可防止痴呆，走路使人愉快，走路的好处很多。

最近有个实验研究，将老年人分为两组，一组平均每天走4.2千米，一组基本上不走路。结果发现：走4.2千米的这组老年人病死率、冠心病发病率比不走路那组低60%。这就是走路的好处啊。日本也有一项研究证明：如果坚持走路锻炼一年，血压和胆固醇都能得到一定的控制，而且，最能引发心脏病和糖尿病的腹部堆积的脂肪也会明显减少。隆起的腹部是大多数成年人的烦恼，能通过走路这样简单易行的方式解决，何乐而不为呢？

雷洁琼95岁时，电视台采访她，问她如何能做到身体这样好，她说唯一的爱好就是天天走路。还有陈立夫，高龄101

岁，也是每天步行。北京南池子东华门边上有个庙叫作普度寺，是清初多尔衮的豪宅。20世纪60年代，那里住着一个道士，他很穷，当时民政部门每月给他15元的生活补助。他没有工作，也没有孩子，什么都没有，就一个人。从理论上讲，又穷又孤独的人应该死得很快。但这道士有一个特点，就是每天早上一起来，便挂着拐棍，从东华门走到建国门，然后又从建国门绕回来，路上花2个小时，一年四季天天走。那个寺庙周围有许多房子，原来这些房子里住着一些名人，几十年下来，很多名人不知道哪去了，可能有些早就变成了骨灰，唯独这个道士直到耄耋之年还生活得很好。他其实并没有吃得很讲究，也没有什么很好的营养品，就是每天早上坚持走2个小时。

步行运动坚持下去，可以代替很多保健品。调查表明：只要每天走路，可以延缓衰老。最近跟我一起录制电视节目的一位病人也是坚持步行，比十几年前看起来年轻多了。他钱多了吗？没有。地位高了吗？也没有。他就是跟老伴每天一起走路。

那么如何进行步行锻炼呢？这里面也有一些讲究。

首先，要选好锻炼时间。不能在早晨刚吃过饭就开始快走，那样会导致胃部不适。晚饭后可以慢走，有助于消化。一般快走要在饭后半小时后开始。一开始不要走太快，要始终保持均匀的呼吸，也不要走太长的距离，因为会对心脏造成负担。

其次，步行锻炼要选择路况好、整洁安全、植物绿化比较好的地方，最好是公园。我们看到经常有人在车流滚滚的大马路上快步疾走，殊不知，你成了马路上最好的吸尘器。因此，如果是在空气质量不好的天气进行步行锻炼的话，那就适得其反了。

　　最后，如果和伴侣一起进行步行锻炼，最好要手牵手，能达到最佳效果。因为在这个过程中不仅增加了夫妻之间的交流，使得感情更加亲密，而且双方的身体都得到了很好的锻炼，是一举两得的好事。

拍拍打打治颈椎

现代人特别是白领人士的身体有很多毛病：颈椎病、肩周炎、腰腿疼、入睡慢、做梦多、头疼、头晕、脑子不清楚……对此我介绍一个最简单的保健操，叫作："你拍一，我拍一，一直拍到七十七；深呼吸，下蹲起，十点十分去看戏。"按照这两句话去锻炼，每天只用5分钟，最多10分钟，持之以恒，就可以解决上面说的种种问题。

什么叫"你拍一，我拍一，一直拍到七十七"呢？就是右手拍左臂，左手拍右臂，拍到77次。坚持这样做，血液循环就好了。具体做法是：用自己的右手拍左侧的肱三头肌10次；之后，将手臂伸长拍左肩部的三角肌；然后，手臂伸更远，拍后背的斜方肌，越远越好。年轻人可以从后背拍，岁数大的、关节不灵便的就从前面拍。每个部位拍10次左右，轮回拍。拍完左臂，再按照这个顺序拍右臂。

这么拍一拍，肌肉放松了，肌肉疼痛解除了，最重要的是使毛细血管扩张，改善微循环。我们很多人肩疼、腰疼、腿疼，到医院去用按摩、理疗、针灸、热疗等各种手段，也只能使毛细血管扩张的数量增多10倍左右，而我们用力拍就能使肌肉毛细血管扩张的数量增多20多倍。人就是这样，只要不活动，肌肉就会缺血，关节就会损伤。比如我的关节现在没病，但如果给它打个石膏固定起来，待上2个月，石膏一拆线，这个关节一辈子就动不了了，因为它已经完全"凝固"了。

要想真正起作用，必须得让自己感到舒服了、有点疼了、肌肉发热了，这样才有效。拍10下、20下直到50下都可以，只要拍完了以后疼痛减轻，疲劳减轻，有一种非常舒适的感觉就好。

什么叫"深呼吸，下蹲起"？呼吸分为两种，一种叫胸式呼吸，一种叫腹式呼吸，即深呼吸。腹式呼吸可以锻炼横膈。我们平时呼吸，每次吸入或呼出的空气有500毫升，一次深呼吸就有2500～3000毫升，是7～8次平时呼吸的量。更重要的不仅是氧气多了7～8倍，腹式呼吸时，横膈下降，胃、肝、脾、肠都得到了温和的按摩，能改善肠胃功能，预防胆囊癌、胆结石，还能保护内脏。

下蹲起就是站起来再下蹲，蹲下去再站起来。好多老人蹲下去站不起来了，站起来也是眼冒金星，甚至眼前发黑、直接摔倒。有的老人半夜上洗手间发生猝死，就是因为突然起床或者起立，体位一变化，发生直立性低血压，导致大脑缺血、头晕而摔倒或是心肌缺血、心脏病发作。每天可以先做三五次下蹲起，以后做8次、10次、20次。做的时候，两条腿分开与肩同宽，双臂前伸再下蹲、起立。很多人喜欢叉腰练，其实这样容易晃，不容易平衡，两手向前平伸最好。

什么叫"十点十分去看戏"呢？很多人得了颈椎病，到医院里做牵引、戴颈托、做手术。其实，很多颈椎病都可以预防治疗，比如用"十点十分去看戏"这种方法就很有效。具体方法是：双臂向身体两侧伸开，和地面平行，类似钟表九点一刻时时针与分针的位置；然后双臂同时向十点十分的

位置抬起，再回落到九点一刻的位置。重复这个动作，连续做几十次至 100 次，早晚各一次。这么练习以后，肩三角肌、肱三头肌、胸大肌、背阔肌都能得到锻炼。另外，这个动作对颈椎病康复也非常好。

那为什么叫"去看戏"呢？过去在农村，墙很矮，隔壁在演戏，你想看戏的话就得把脚踮起来，伸长脖子。保持这个姿势几秒钟，之后再反复左右侧倾，轻轻旋转几下。这样做，肩部、上肘、颈部、脚部肌肉都能得到锻炼。

苏东坡练完八段锦后说："百十日后，功效不可量，胜药石百倍。"而据我们观察，所有的患者 1 个月后就见成效，不但颈椎、腰椎疼痛消失，全身状况也都有所改善。特别是"拍"，千万别小看它，比起针灸、按摩等疗效都要好！

运动过度，死得更快

运动是把双刃剑，适量运动有利于身体健康，可是运动过度会死得更快。千万记住，运动也会伤害人。

奥运会世界冠军并不一定长寿，据报道，他们的平均寿命比普通人还短。有一个病人患有冠心病，找了一个教授看，教授告诉他："你可不能运动啊。运动会使心脏病加重，容易猝死。"几个月过去了，他很难受，又找另外一个大医院的教授看，这个教授却说："生命在于运动，你要每天运动。"他不知道该听谁的好，就来问我怎么办。我说："你现在做一个24小时动态心电图，监测你24小时的心跳，你就像平常一样活动，咱们看看情况怎么样。"第二天我看了他的心电图，发现他没有打网球前，心跳一直是每分钟70次，练习打球的时候，心跳变成每分钟80、90、100、110次，心电图也挺正常。但当比赛一开始，他的心跳出现每分钟120、130次，突然之间，心电图T波完全倒过来了，ST段也下降，这就意味着心肌缺血。他当时也感觉到胸闷，难受极了，马上停了下来。如果他接着打，后果不堪设想。

可是平时我们不做动态心电图，怎么知道心肌什么时候缺血呢？判断方法很简单：第一，运动后不累，可以；第二，运动后稍累，也可以；第三，运动后有点累，但第二天还能恢复，也可以；第四，运动到累了，第二天恢复不了，这样不行；第五，如果运动到胸闷、憋气、胸痛、冒冷汗，千万别坚持。不要以为运动必须出汗，运动过度，对老年人特别危险。

北京有一位健康老人，70岁了，爱攀比，老跟人较劲。

有一天他到北海公园，看一帮小伙子在练俯卧撑，能做好几百个。小伙子一听他是健康老人，要和他赛一赛，结果老人不服气，就跟他们比赛。老人本来很健康的，可是俯卧撑是一种无氧代谢运动，他练了20多个，感到很吃力，到30多个时已经开始出汗了。他想歇一下，可旁边的人在起哄："加油，加油！"他就不好意思停下来了，坚持接着练，最后练到50多个，一下就倒下去再没起来，当时就死了。这就是无氧代谢运动超过了心脏的负荷，说死就死了。

所以，运动要有恒、有序、有度，持之以恒、循序渐进、适度运动，做到3个"不"：不逞强、不攀比、不过量。运动千万别争强好胜，也别攀比。

为祖国健康工作 50 年

2007 年 11 月，"体育精神，薪火相传，'为祖国健康工作 50 年'口号提出 50 周年纪念大会"在清华大学召开。

"为祖国健康工作 60 年！"当现在每天仍坚持锻炼 1 小时的黄克智院士用洪亮的声音说出这句话时，清华大学礼堂内爆发出热烈的掌声。

20 世纪五六十年代的清华大学校园内，每天下午 4 点半，广播声都会响起："同学们，现在是课外锻炼时间，走出宿舍，走出教室，去参加体育锻炼，争取至少为祖国健康地工作 50 年！"

那时候的高校运动会，清华大学年年总分第一，校内有一批体育运动的尖子。他们并不是特招的体育特长生，但仍可以打破比赛纪录。他们的学习成绩也很好，是同学们心中的偶像。清华老校友马国馨院士回忆说，入学时自己体育成绩不好，田径、球类均无特长，"为祖国健康工作 50 年"的口号，带给他强健的体魄和无穷的益处。

清华校友聚会时最津津乐道的话题之一就是：清华的体育精神难能、难得、难忘。这个号召是期望，是鞭策，也是一种责任。

"竞技比赛就是人生的缩影，人生的成败和比赛的成败在某种意义上有异曲同工之妙。这些成败都让自己更加了解自己。清华让我从一个病恹恹的孩子成长为一名全面发展的优秀博士毕业生，体育对于我人生的改变是不可估量的。它

让我拥有梦想，更重要的是培养了我实现梦想的能力。"一位青年教师代表说。

国家体育总局领导和清华大学领导也作了重要讲话，强调指出："坚持育人为本，德育为先，实施素质教育，提高教育现代化水平，培养德、智、体、美全面发展的社会主义建设者和接班人，办好人民满意的教育。"中共中央、国务院颁发的《关于加强青少年体育增强青少年体质的意见》进一步指出："增强青少年体质，促进青少年健康成长，是关系国家和民族未来的大事。"我们要深刻理解体育在人才培养中的重要作用，不断发展"为祖国健康工作50年"的实现方式，以创新精神向着这个崇高的目标奋进。

大会最后进行了"'为祖国健康工作50年'薪火相传"火炬传递启动仪式。

回顾历史，这个口号是怎么提出来的呢？

1957年11月29日，时任清华大学校长的蒋南翔面对已76岁高龄却依然面红身健的马约翰教授时表示："我们每个同学要争取毕业后工作50年。"马约翰是我国著名的体育教育家，曾任中国奥林匹克委员会主席。1964年1月，在庆祝马老服务清华50年的大会上，蒋南翔又一次表示："把身体锻炼好，向马约翰先生看齐，同马约翰先生竞争——争取至少为祖国健康地工作50年。"1986年，刻有这句清华大学锻炼座右铭的石碑，被正式竖立在学校东操场，这里也是每年清华大学新生办理报到手续要去的第一个地方。

了解了清华大学这一段历史，我深有感触。我从小体弱，长得瘦小，曾有过两次骨折、一次脑震荡、一次急性脑膜炎、一次猩红热。按理说我应当是一个病恹恹的人，但就因为我喜欢体育，为祖国健康地工作了 50 多年，在 64 岁时还能在央视"新闻会客厅"现场表演"卧鱼""顶杯"等杂技演员才能做的动作。爱好体育正如爱好哲学一样，使我受益终身。

心理
平衡

善心八珍汤

慈爱心	一片	孝顺	常想
好肚肠	二寸	老实	适当
正气	三分	奉献	不拘
宽容	四钱	回报	不求

药性：净化心灵，升华人格。
物我两忘，宠辱不惊。
功效：诚实做人，诚信做事。
消灾祛祸，延年益寿。

养身之前，先需养心。

慈爱心一片、好肚肠二寸、

正气三分、宽容四钱、

孝顺常想、老实适量、

奉献不拘、回报不求。

这服"养心八珍汤"专供养心之用。

心理的作用非常强大，

在生活中，处理好不良情绪，

保持良好心态，

不但能使身体健康，

还能让生活幸福。

心理平衡，不仅限于病人、普通人，

对医生来说也甚为重要。

养心八珍汤

中华民族五千年的文化，博大精深，源远流长，比如养生之道中的这一服养心八珍汤，也是八味"药"，天天喝、早晚喝，让大家天天心情舒畅，健康快乐100岁。是哪八味呢？"慈爱心一片、好肚肠二寸、正气三分、宽容四钱、孝顺常想、老实适量、奉献不拘、回报不求"。以上八味药，先放宽心锅里炒，文火慢炒，不焦不躁；再放公平钵内研，精磨细研，越细越好。三思为末，淡泊为引。做成菩提子大小，以和气汤送下。清风明月，早晚分服。常服可净化心灵，升华人格，物我两忘，宠辱不惊。本方有六大功效：诚实做人，认真做事，奉献社会，享受生活，延年益寿，消灾祛祸。

慈爱心一片：做人最重要的，是要有爱心。邓小平同志讲："我深情地爱着我的祖国。"作家冰心说过："有了爱，就有了一切。"如果一个人没有爱心，我们千万不要跟他交朋友。

好肚肠二寸：好人会有好报，你对人善，别人对你也善，你对人恶，别人对你也恶。也就是常说的"善有善报，恶有恶报"。我们说身体健康需要维生素，其实心理健康也需要维生素，善良就是心理健康最好的维生素。

正气三分：人要心存正气，要做好人，不能做坏人，不能贪污，不能腐败，越是腐败，死得越快。巴西医生调查了583个贪官和583个廉官。10年随访下来，贪官里60%以上得了癌症、脑出血、心肌梗死；而廉官患病率只有16%，还没有一个死亡的。特别是福利局的 16 名官员，集体贪污，集体被撤职，平均年龄才 41 岁。随访结果，16 人中 15 个人得了重病，6 个人死亡。所以，廉洁有益健康，腐败导致死亡。因为腐败的人，生活在恐惧后悔中，自责自罪，白天食不知味，夜里寝不能寐，惶惶不可终日，警车一叫，心惊肉跳，从而导致身体免疫功能全面下降，极易患病。

宽容四钱：一个人要做一番事业，必须心胸宽，度量大。心胸狭窄、小肚鸡肠做不成大事，有多大度量就能做多大事业。尤其在现代社会，心胸狭窄、不懂宽容的人，不但自己受罪，做任何事都难成功。

孝顺常想：孝顺是中华民族的传统美德。有位青年人征求我关于找对象的建议，我就告诉他，年轻人找对象，要先看对方孝顺不孝顺父母。如果他或她连爸妈都不孝顺，那无论他或她表面对你多好，你可要小心，对爸妈都不孝顺，那绝对是"白眼狼"。

老实适量：老实很好，但要适量。因为社会太复杂了，对方老实，你就也老实；如果对方不老实，你就要小心被骗。谁要是过分老实而上当受骗，可别赖八珍汤，因为八珍汤让你老实适量，没叫你老实过量。

奉献不拘：要学习我们周总理的精神，为国家和人民鞠躬尽瘁、死而后已。只有忘掉个人得失，你才能奉献社会。

回报不求：做好事，不求回报；但行好事，莫问前程。

感恩使人健康幸福

有一个段子说得好："爱心是美容霜，善心是保健品。感恩是健身丸，知足是甜蜜素。苦难是老师，感悟真进步。读书指路灯，挫折磨刀石。自强发动机，自律防弹衣。"确实，经研究证明：心中有爱的人，容貌会越来越好看；常怀感恩的人，体内抵抗力、免疫力会增强，身体会越来越健康。

报纸上曾登过一篇关于表达感激之情可以增进健康、带来幸福的文章。文中说，美国人比尔·戈尔登当了20年的兵、30年的警察，86岁那年罹患结肠癌，双膝还患有关节炎。按常理，他是疾病缠身、苦不堪言的人。但戈尔登不那么想，他总是感觉自己是一个"幸运的人"，他感谢社会和家人，感谢他的两个儿子和两个孙子，以及他89岁的女友。感恩节历来都是戈尔登一家团聚的日子。在感恩大餐开始前，他们围坐在餐桌旁，携手表达内心的感激之情。戈尔登说："为一个人表达你的感激之情，那种感觉很奇妙。'谢谢'这个词很容易说出口，它会让你变得更好。"

我记得报纸上还报道过我国一位运动员，风华正茂，却不幸因外伤导致高位截瘫。但他一直觉得自己是一位"幸运和幸福的人"。研究人员发现：感恩的态度对任何人的健康都是非常有益的。时常表达感激之情不仅可以给自己带来好心情，还能把乐观的态度传递给悲观的人，使周围形成良好的氛围，从而形成良性循环。美国东北大学的一位心理学家发现："感激会让人向善，更有爱心，更淡泊名利，更乐于

● 感恩使人健康幸福

助人。"加州大学的一位心理学教授指出，凡是能表达感激之情的人都是不会嫉妒和怀恨他人的人。他们睡觉更甜，噩梦更少，身体更棒，血压也会降低。因此，感恩能让人在身体、心理等各个方面都更加健康。

嫉妒比孤独、愤怒更可怕

在人的负面情绪中，嫉妒比孤独、愤怒更可怕。人们都知道孤独和愤怒是会造成疾病的，嫉妒对健康更有杀伤力。

人的负面情绪究竟能够对人的心脏功能产生什么影响？由于猪的心脏、动脉和人相比比较接近，所以研究人员用猪做了一项实验。第一个实验，是给一头公猪喂高胆固醇的食物。第二个实验，是给一公一母两头猪同时喂高胆固醇的食物。结果在一起的两头猪，心情很高兴，动脉硬化的程度就轻；而另一头孤独的猪，动脉硬化却厉害，因为孤独会影响到猪的心情。第三个实验是在一头孤独的猪身边放上另一个

● 嫉妒比孤独、愤怒更可怕

笼子，里面喂养一头公猪、一头母猪。让这头孤独的猪看着那两头猪和谐相处，最后它的动脉硬化最厉害，因为它嫉妒。这是美国外宾讲课时举的例子。

研究人员又用狗做实验。把牛肉放在离狗不远的地方，可是狗被绑着，看到了肉却吃不上。它着急生气，血压高，心跳快。待会儿研究人员又牵来一条可以自由活动的狗，当着那条被绑着的狗的面把牛肉吃了。这一下不得了，被绑着的狗暴躁起来了，本来它只是生气，这次它被嫉妒激怒了，不但血压剧烈上升，而且心律失常。

著名的美国华裔大侦探李昌钰曾说，人不受良好教育，会连动物都不如。实际上人类的各种恶劣的行为，动物身上都有，贪婪、自私、嫉妒、争权夺利、好色……在动物界，不贪婪怎么行？这是动物界的生存法则。但是人不一样，人不仅有动物本性，还有社会性，人可以通过接受教育，获得文明。

心理暗示的力量

古代有个谜语：它不是蜜，可是比蜜还甜；它不是毒药，可是比毒药还毒；它不是花，可是比花还美；它不是剑，可是比剑还锋利。它是什么呢？

它就是语言。花言巧语、甜言蜜语，绝对比蜜还甜，比蜜还有吸引力，比蜜还有魅力。年轻人谈恋爱时，如果小伙子会甜言蜜语、花言巧语，女孩子往往容易高兴。语言比剑还锋利，身上中了一剑，缝起来，一个星期就可以拆线愈合。可语言真要伤害了人，甭说一个星期，一辈子也好不了。因为心理暗示的作用太强大了，它是一个正常的心理现象，人群中约有1/3的人有较强的暗示和自我暗示效应，他们容易无条件、非理性地接受一些观念和说法。

有这样一个实验：小学生课堂上，老师拿出两个瓶子，一瓶红药水，说是香精，一瓶蓝药水，说是臭精。老师打开红药水瓶，对学生说："这个非常香，是玫瑰香，闻到香味的请举手，闻不到的不举手。"然后观察同学们的反应。

"老师，我闻到了。"

"什么香？"

"玫瑰香。"

"哟，我也闻到了，确实是香。"

不到3分钟，1/3的人举手，说闻到香味了，还有2/3的人没举手。老师又把臭精打开。"奇臭啊！"老师边说边跑开。

"啊，老师我也闻到了，臭极了呢！"

老师再次对学生说："闻到臭的请举手，没闻到的不举

手。"学生一个一个地闻，有的人感到奇怪："老师，我们没有闻到臭味。"

"没关系，闻到的举手，没闻到的不举手。"

最后 40% 的人都举手，60% 的人没有举手。然后老师叫大家排好队，一个一个来仔细地闻，究竟是什么味道。结果大家一闻，一点味道也没有，就是有点颜料味。为什么老师说香，学生就真的觉得香，老师说臭，学生就真的觉得臭？这就是心理暗示的作用。

再比如，早上花园里很多人在练功，有个很奇怪的现象：练香功的个个觉得香；练臭功的个个觉得臭。其实香功不香，臭功也不臭。你告诉他这叫香功，他就越练越香；你告诉他这叫臭功，他就越练越臭。我不练功，但研究过练功，发现了这个问题。

教功的人说："这个功越练越香，心越诚越香。我练了好几代，大家都说香，不信，我练给你们看。你们觉得香不香？"

底下有人说香，还有人在嘀咕："奇怪啊，我这儿怎么一点味都没有闻到啊？"

"没关系，别灰心，继续练，越练越香，心诚就香。"又练了半天，教功的人又问："你们觉得香不香啊？"

好多人说："香！"还有人想："奇怪，我怎么还闻不到香，想必是我的鼻子有点问题。"他就到处闻，闻着闻着，就好像有点香了。

功练完了，教功的人第三次问："香不香啊？"大家都说："香！"影响越来越大，你想说不香都不成了。

这个心理暗示的力量真大！

好心态来自"3个快乐"

我们要保持3种愉快的心态，或者叫"3个快乐"：助人为乐，知足常乐，自得其乐。

助人为乐：助人的过程可净化灵魂，升华人格，助人是人生最大的快乐。因为"爱人者人恒爱之，敬人者人恒敬之"。我常劝那些有钱的病人：您有钱不要吃、喝、嫖、赌，万一得了艾滋病，还没有药治，死得更快。您有钱赶紧捐给希望工程，或者捐给老少边穷地区，支援开发大西北，这样他高兴、您高兴，对全社会都好。所以春风得意时要助人为乐，千万不要忘乎所以。

助人为乐也是战胜孤独的金钥匙。如今，中青年人孤独，老年人也孤独；商人孤独，知识分子也孤独。曾经有一个富商，买卖兴隆通四海，但常常陷入孤独空虚之中。他有许多病症，遍寻名医而不得其效。最后我们开了一个妙方给他，让他常常请路边的出租车司机吃夜宵。出租车司机与他萍水相逢而受到帮助，乐在其中；他也尝到了助人为乐的幸福，孤独不治而愈。

知足常乐：俗话说，比上不足，比下有余。一个人有工作，有房子住，儿女也很好，就没有必要与别人攀比。比是无止境的，幸福本无固定的标准，而是一种见仁见智的感受。

自得其乐：不管遇到什么情况，都不能气馁。人在倒霉的时候，要有点阿Q精神，自得其乐。倒霉了怎么还能快乐呢？人有悲欢离合，月有阴晴圆缺。都说人世间"三十年河东，三十年河西"，现在世界变化快，可以说是"三年河东，三年河西"。古人又说："祸兮福之所倚，福兮祸之所伏。"没有一个人永远走运，也没有一个人永远倒霉。巴尔扎克讲过："苦难是生活最好的老师。"现在倒霉，但光明也许就在前面。所以要学会自得其乐，正确对待自己。

现在的儿童太幸福了，但有个遗憾，就是大多没有经过磨难。这样，孩子就不会懂得珍惜幸福。他会觉得这个也不好吃，那个也不好吃，对爸妈也不懂得孝顺。他会认为一切都是应该的，会觉得还不够幸福。经历过磨难，他就会觉得能喝点饮料都幸福，会觉得爸妈太好了。很多孩子一旦离开家庭，到老少边穷地方体验一星期，经过磨砺，观念全变了。什么叫母爱、父爱，全能体会了。天天待在父母身边，反而不行。

一个人想要成长，必经磨难，这是人生的必修课。心理平衡对于上了岁数的人容易掌握，年轻人却很困难，这是为什么？因为上了岁数的人经历过一些磨难和坎坷，容易体会到自得其乐的道理。这些道理，人不到一定岁数，是悟不出来的。

心气儿的力量

我读过一篇叫《心气儿的力量》的文章，讲述的是一位胃癌晚期病人，凭着一股"心气儿的力量"从容面对病魔，创造医学奇迹的事例。就像文中所说：其实人活着就是活个"心气儿"。不论是面临全球金融危机，还是应对中国房价飙升；不论是罹患疾病，还是遭遇艰难，"心气儿"都是生命健康之源。保持"心气儿"，永远不抛弃、不放弃，每个人都可以创造自己平凡生命中的奇迹。

我是一名有 52 年医疗经验的老医生，而且从学医起就一直比较喜欢中医、医史、哲学、人文之类的非技术性学科。我一直相信，在医学上、在医疗上、在人的健康上，高精昂贵的先进技术主要是针对中晚期病人、重症病人或危急病人的。我深信一些医学泰斗的名言，如医学之父希波克拉底的"医生有三大法宝——语言、药物、手术刀"；近代名医特鲁多的"有时是治愈，常常是帮助，总是去安慰"；白求恩大夫常说的"鹰的眼睛，妇女的手"；尤其是现代病理学之父魏尔肖说的"医学从本质上说，是一门社会科学"。

南丁格尔只是一名护士，连处方权都没有，竟然凭一名弱女子之力，凭借一颗"金子般的爱心"，在 1854 年的克里米亚战场的医院中，提着一盏马灯，日夜精心、细心、耐心地照料着伤员，使伤员死亡率从 50% 下降到 2%，创造了马克思所说的"连男人都做不到的奇迹"，成为世界医护人员和红十字的光辉典范，以其名字命名的"南丁格尔奖"也成为联合国医学护理界的一项最高奖项。

可见，人的精神、思想、情感和语言在人类的健康和医疗上有着多么伟大而神奇的力量，我都被深深地震撼和感动了。

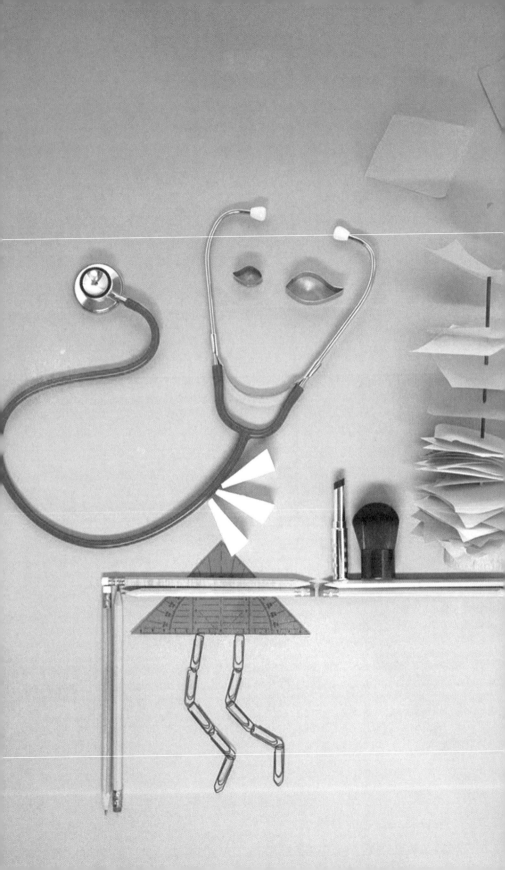

人生

命、运、选

人生之选

选对方向，精彩一生；方向不对，努力白费。

选对思想，成就一生；思想不对，一生受罪。

选对导师，智慧一生；导师不对，白交学费。

选对伴侣，幸福一生；伴侣选对，幸福之最。

伴侣不对，半途而废；半途不废，特别遭罪。

选对理念，健康一生；选对朋友，快乐一生。

选对事业，顺利一生；选对方法，轻松一生。

人生如戏，

是对人生最恰当的比喻。

如何在这场戏剧中扮演好自己的角色，

演绎出精彩的剧情？

关键在于"命、运、选"：

接受"命"、把握"运"、做好"选"。

选择健康的生活方式，

控制过多的欲望，

就能在人生中举重若轻、

点石成金地保持健康，

唱好自己的那一台人生大戏。

人生如戏剧

有人说，人生如梦。梦是虚无缥缈、变幻不定的，而人生却很实际。知识改变命运，播种才有收获。人生不是一场梦！那么，人生是如航海？如登山？如旅途？或是如花开花谢、日出日落？都有些相似，但没达到神似。

莎士比亚说：人生如戏剧。戏剧有始有终，演员上上下下。人物情仇爱恨，嬉笑怒骂；情节悲欢离合，跌宕起伏。百味人生，尽在其中。总的看来，戏如人生，人生如戏，用戏剧来比喻人生，更为神似。

从生到死，人人都是演员；岁月沧桑，时时都在剧场。

由于"命"不同，每个人的剧本不同。由于"运"不同，每个人的角色不同。但戏剧成败的规律却是古今中外都相同，也就是每个人的"选"，这才是重头戏。

剧本有不同　　人命有差异

人生一百年，酸甜苦辣咸。

来时差无几，走时差天地。

岁月来又去，人生如戏剧。

有的演百姓，有的演皇帝。

有的演苦工，有的演富翁。

有的演生旦，有的演末丑。

方才座上客，转眼阶下囚。

该上台上台，该下去下去。

人人都是一棋子，古今中外都如此。

角色无差异　关键在自己

没有大角色，小角色。

只有大演员，小演员。

莫攀比，莫生气。

要自强，要志气。

十个手指头，不能一般齐。

有得就有失，有苦才有乐。

位高压力高，权大风险大。

金钱是把双刃剑，甘蔗没有两头甜。

只要认真来演戏，角色剧本无差异。

不论演平民，还是演皇帝，

一样悲欢和惊喜，一样辛酸和甜蜜。

用心演戏，诚实做人。

出汗出力，人间场场是好戏。

无心演戏，不用力气。

放纵自己，脚下步步是悲剧。

青山遮不住　成功在自己

人间社会忒复杂，有时也会有歪剧。

盘根错节说不清，是非曲直不分明。

说你行你就行，说你不行就不行。

平平庸庸步步升，德才兼备不用你。

见风使舵路路通，实话实说处处堵。

此时唯有心开怀，见怪不怪是真才。

社会发展有规律，不是个人能干预。

生活就像一面镜，心态平衡最受益。

你笑它也笑，你哭它也哭。

只要功夫深，铁杵磨成针。

青山遮不住，毕竟东流去。

人生成败事，还是靠自己。

许多人百思不解：为什么人与人的差别这么大？

从生物学角度看，人与人的基因99%以上都是一样的。但从社会学的角度看，人与人的社会境况却有天壤之别。为什么微不足道的生物学差异导致了如此巨大的社会差别呢？关键在于决定人之社会角色的3个字：命、运、选。

从降生开始，由于父母不同，每个人的生物学和社会学起点就已经不同，不在同一起跑线上，这就是"命"。"命"是与生俱来的，在人生中约起20%的作用。

"运"是缘分和机遇，人人都有好运与背运，两者各占一半，但机会来时你能否发现它？你是否准备好了？能否抓住？抓住后能否用好？这导致了人们面对同样的缘分和机会却有完全不同的结果。1977年的恢复高考是一次难得的机会，有人抓住，有人错失。一步之差，天壤之别。"运"对人生也起约20%的作用。

"选"是最重要、最关键的，完全是后天自己决定的。

每个人几乎每天都面临大大小小的选择：理性的、冲动的；深思的、草率的；冷静的、匆忙的；正确的、错误的。选择是百分之百后天的，主动权在你自己手里，千万谨慎，不要选错！"选"才是决定人生成败的关键，是生死存亡的决定性因素，是人生的钥匙。"选"对人生起着60％的作用。选对方向，精彩一生；方向不对，努力白费。选对思想，成就一生；思想不对，一生受罪。选对导师，智慧一生；导师不对，白交学费。选对伴侣，幸福一生；伴侣不对，半途而废；半途不废，特别遭罪。选对理念，健康一生。选对事业，顺利一生。选对朋友，快乐一生。选对方法，轻松一生。

　　总之，人生一百年，关键就在"命、运、选"。

生命是大自然最美的循环

生命是什么?

人的生命正如大自然的春夏秋冬、日出日落、花开花谢、月圆月缺一样。"人事有代谢,往来成古今。"

生命的结束分为两种,一是自然凋亡:无病无痛,无疾而终;平安百岁,快乐轻松。生如春花绚烂,死如秋叶静美。二是病理死亡:中年得病,花钱受罪;肉体痛苦,精神折磨;身心煎熬,人财两空。

健康是什么?

健康是人全面发展的基础,关系到千家万户的幸福。世界卫生组织说:健康是躯体、心理、人际关系适应和精神道德上的良好完满状态,而不仅仅是没有疾病或不虚弱。

百姓常说"有啥别有病,没啥别没钱。不怕挣得少,就怕走得早""脱贫致富三五年,一病回到解放前。辛辛苦苦到小康,一场大病都花光"。

健康不是一切,但没有健康,就没有一切。健康是1,其他都是后面的0。

这个世界上,除了你的身体属于你,其他一切都不属于你。金山银山,亿万家产,都是过眼云烟。"两眼一睁,忙到熄灯。两腿一伸,万事皆尘。"

20 世纪 80 年代的人群研究表明,健康的生活方式可以使高血压发病率下降 55%,糖尿病发病率减少 50%,肿瘤发病率减少 33%。总的来说,健康的生活方式可以使疾病减少

一半，寿命延长 10 年，使生活质量大大提高。

健康快乐一百岁，天天都有好心情。

我们要怎样做呢？人人都希望自然凋亡，但理想很丰满，现实却很骨感。大多数人都是病理死亡。为什么呢？原因就是我们违背了健康和生命的规律，违背了大自然的规律，受到了规律的惩罚。规律就是铁，谁碰谁出血。规律就是钢，谁都没商量。国王平民都一样，谁违背，谁就头破血流；谁顺应，谁就一生平安。

那么，健康的规律是什么呢？

那就是 1992 年世界卫生组织提出的维多利亚健康宣言：健康的四大基石和三座桥梁。

四大基石是：合理膳食、适量运动、戒烟限酒、心理平衡。

三座桥梁是：科学论据和政府决策之间的桥梁、知识和行为改变之间的桥梁、专家和社会公众之间的桥梁。

有了四大基石和三座桥梁，人类健康将完全改观。

1996 年，美国疾控中心报告显示：若采取传统的医疗方法，要使美国人均寿命延长 1 年，就需要数百亿乃至上千亿美元。而如果采取健康的生活方式，则不用花多少钱，就能使美国人均寿命延长 10 年。

2008 年，美国发表了一项对 8 万名 35 ~ 59 岁中年妇女自 1980 年至 2004 年连续 24 年的人群前瞻性队列追踪研究报告，结果表明：健康的生活方式可使中年妇女死亡率下降 55%。

健康与医疗不同，健康是科学，但更是文化和艺术。健康不需高科技，不需高学历，也不需高投入。健康是一些简单朴素的道理，是一些人人都能做到的简单行为。但这些看似简单的道理，真正做到知、信、行，却不简单。正应了一句古老谚语："简单的事情，做起来最不简单。"

过健康的生活，做健康的人，让我们的生命成为大自然最美的循环。

欲望对人健康的影响

人生的欲望有很多，食欲、性欲、权力欲……如何看待它们与健康的关系？如何对这些欲望善加引导，使它们更好地为健康服务？这是每个渴望健康的人都应思考的问题。

在历史学家约翰·阿克顿男爵提出"权力导致腐败，绝对权力导致绝对腐败"的一百多年后，有科学家宣称，这句话在生物学上是成立的。

研究发现，权力感对大脑的影响类似可卡因，它会提高人体内的睾丸素及其副产品3-雄甾烷二醇水平。这又会导致大脑内多巴胺水平上升，非常容易让人上瘾。

可卡因的作用与此类似，它会产生多种效应，包括增强信心、精力、愉悦感，但也会引起焦虑、多疑和狂躁。

权力的效应与可卡因几乎一模一样。

伊恩·罗伯逊医生的说法可以在一定程度上解释一些商贾大亨和社会名流的怪异和冲动行为。

他在《每日电讯报》上撰文称："地位较低的狒狒其大脑主要区域的多巴胺水平较低，假如它们擢升至较高的地位，则多巴胺水平也随之上升，这会使它们更具有侵略性和情欲。就人类而言，一旦有了权力也会发生类似变化。"

所以，如何控制欲望，让它对自己产生有益的生物作用，就在于每个人的"选"。

健康促进，点石成金

我国 2013 年医疗资源消耗 3 万亿元人民币。其中，医疗、辅助医疗、零售药品占 98%，健康教育、公共卫生、预防占 2%。

2013 年，就诊病人数 73 亿人次，住院 1.91 亿人次。卫计委收到的医患纠纷 7 万件，人民调解 5.33 万件。

这种日益严峻的形势如何化解？世界卫生组织的报告表明，通过观念更新，健康促进，就能举重若轻，点石成金。

以哲学认识世界，世界阳光和谐。宏观微观客观。化繁就简，画龙点睛。

以科学观察社会，社会风清云淡。求实求是求真。举重若轻，点石成金。

以医学珍爱生命，生命就是艺术。养生养心养神。无病无痛，无疾而终。

以国学对待人生，人生一帆风顺。包容从容笑容。诸恶莫作，众善奉行。

附录一：洪昭光经典段子集

一、家和万事兴

家

家是生命摇篮，家是孩子乐园。

家是夫妻花园，家是心灵家园。

家是沙漠绿洲，家是生活港湾。

家是人生驿站，家是心理诊所。

世上只有家最好，男女老少离不了。

男人没家死得早，女人没家容颜老。

孩子没家长不好，老人没家最苦恼。

有家看似平淡淡，没家立刻凄惨惨。

外面世界千般好，不如回家乐逍遥。

回家

进门先问好，见面笑一笑。

牵手抱一抱，清茶泡一泡。

夫妻多聊聊，家庭多欢笑。

亲情温度高，孩子性格好。

夫妻多牵手，血压往下走。

无言静悄悄，特别有疗效。

夫妻多抱抱，免疫力提高。

一天三熊抱，癌症大减少。

夫妻多亲密，焦虑就减轻。

肌肤一相亲，烦恼变开心。

要想家和好，爱是第一宝。

二、语言和微笑

语言

它不是蜜，比蜜还甜；

它不是花，比花还美；

它不是剑，比剑还锋利；

不是毒药，比毒药还毒；

它让你痛苦，让你心碎；

它让你幸福，让你欢乐；

让你三冬暖，让你六月寒。

它是什么？它就是语言。

微笑

微笑是阳光，微笑是春天。

微笑是温暖，微笑是分享。

微笑不用成本，但能创造财富。

微笑不用投入，但能提高产出。

微笑不用费力，但能使人美丽。

微笑不用花钱，但能使人心甜。

微笑不是医药，但能产生疗效。

微笑不是医生，医疗效果倍增。

大
家
小
书

医
学
家
卷

微笑发自内心，价值可比黄金。

微笑虽是软实力，威力胜过高科技。

三、三八健康

养心八珍汤

慈爱心　一片，

好肚肠　两寸，

正气　三分，

宽容　四钱。

孝顺　常想，

老实　适量，

奉献　不拘，

回报　不求。

养生八个八

日行八千步，

夜眠八小时。

三餐八分饱，

一天八杯水。

养心八珍汤，

健体八段锦。

米寿八十八，

茶龄百零八。

保健八个最

最好的医生是自己，

最好的护士是伴侣。

最好的养生在家里，

最好的养心在书里。

最好的处方是关爱，

最好的药物是时间。

最好的运动是步行，

最好的心情是自信。

四、三八人生

人生八千

千重要，万重要，价值观最重要。

千正确，万正确，实事求是最正确。

千道理，万道理，发展才是硬道理。

千规律，万规律，阴阳平衡总规律。

千智慧，万智慧，上善若水大智慧。

千聪明，万聪明，大道至简最聪明。

千愚蠢，万愚蠢，透支健康最愚蠢。

千种药，万种药，世上没有后悔药。

人生八品

出生都是顶级品。

生命就是艺术品。

健康就是易碎品。

岁月就是消耗品。

放松心情保健品。

放下牵挂大补品。

放任自流危险品。

放纵欲望剧毒品。

人生八选

选对方向，精彩一生；

方向不对，努力白费。

选对思想，成就一生；

思想不对，一生受罪。

选对导师，智慧一生；

导师不对，白交学费。

选对伴侣，幸福一生；

伴侣不对，半途而废，

半途不废，特别遭罪。

选对理念，健康一生。

选对事业，顺利一生。

选对朋友，快乐一生。

选对方法，轻松一生。

五、读书

一样窗前月，有花便不同。

一样是人生，读书便不同。

一样是读书，结果也不同。

有人被书读，有人会读书。

读书不感悟，如同走夜路。

读书会感悟，心中有思路。

会读无字书，那是真功夫。

会读书外书，那是高速路。

窗前夜读书，悠然享清福。

书香伴君眠，梦境也香甜。

附录二：高血压患者的参考食谱

民以食为天，药补不如食补。高血压病人有胖瘦之分，食谱可分为3类：减肥食谱、日常食谱、节假日食谱。

如果病人肥胖，先要记住：饭前喝汤，苗条健康；饭后喝汤，越喝越胖。

（1）减肥食谱：每日总热量1200～1400千卡，超重、肥胖的高血压患者适用。

内容：粮食 150克　瘦肉类 200克　牛奶 250克

鸡蛋 1个　蔬菜 1000克　油 15克

盐 3克

早餐：绿豆麦片粥 50克

煮鸡蛋 1个

香油拌芹菜 250克

牛奶 1碗

午餐：米饭 50克

蒜泥拌白肉（瘦） 50克

拍黄瓜 250克

生西红柿 250克

晚餐：扒鸡（瘦） 150克

熬白菜（木耳、虾皮少许） 250克

馒头 50克

（2）日常食谱（体型正常的患者）：每日总热量1800～2000千卡，周一至周五的工作日适用。

内容：粮食 300克　瘦肉类 200克　牛奶 250克

　　　　　　鸡蛋 1个　蔬菜 400克　豆制品 500克

　　　　　　水果 250克　油 20克　盐 5克

　　　早餐：燕麦片粥 50克

　　　　　　煮鸡蛋 1个

　　　　　　馒头 50克

　　　　　　牛奶 1碗

　　　午餐：米饭 100克

　　　　　　清蒸鱼 100克

　　　　　　肉丝炒蒜苗（肉丝 50克） 150克

　　　　　　海带汤 50克

　　　　　　苹果、香蕉 共250克

　　　晚餐：玉米粥或豆粥 50克

　　　　　　窝头 50克

　　　　　　肉片冬笋（肉片 50克）100克

　　　　　　白菜炖油豆腐（白菜 200克、油豆腐 50克）

　　（3）周末、节假日食谱：每日总热量2400～2600千卡，周末、节假日适用。

　　　内容：粮食 400克　瘦肉类 150～200克　牛奶 250克

　　　　　　蔬菜 500～750克　豆制品 100克

　　　　　　水果 250克　油 30克　盐 7克

　　　早餐：燕麦片粥 50克

　　　　　　面包 50克

　　　　　　牛奶 1碗

香油拌莴笋丝　150 克

午餐：咖喱鸡饭　150 克

红烧芋头肉适量

素炒生菜　250 克

沙锅豆腐适量

梨、苹果　共 250 克

晚餐：排骨汤面　150 克

鸡片茭白（鸡肉 50 克）100 克

浇汁双花　150 克

荸荠虾仁　150 克

由于各人体重及劳动量不同，热能消耗可相差一倍以上，因此食量可相应调整。大致确定食量后，可以以粮换粮，以肉换肉，以豆制品换豆制品，以菜换菜来增加花色品种。如瘦肉类可用瘦猪肉、瘦牛肉、羊肉、鸡肉、各种海鱼、河鱼、虾、兔肉、甲鱼等。豆制品可用豆腐、豆腐干、豆腐丝、豆泡、腐竹等。肾功能不全、糖尿病、痛风者应按病情、医嘱适当调整。

同时，不同品种的食物也可互换，例如：主食 50 克 = 切面 75 克 = 白薯（红薯、芋头）125 克 = 水果 250 克；瘦猪肉类 50 克 = 大鸡蛋 1 个 = 牛奶 250 克 = 鱼 100 克 = 带骨鸡 150 克。

另外，除常吃粗粮、鱼、豆制品和绿叶菜外，还应注意多进食一些有一定补钙、降脂、抗凝、降压等保健作用的食品，如牛奶、燕麦片、黑木耳、香菇、西红柿、西蓝花、洋葱、大蒜、红薯、玉米、胡萝卜、豆芽、荠菜、芹菜、山楂、苹果、海藻类食物等。

食物的多样、均衡、适量，对保障纤维素、维生素、微量元素的供给起着决定性的作用。

图书在版编目（CIP）数据

人生命运选 / 洪昭光著. — 北京：北京出版社，
2013.12
（大家小书. 医学家卷）
ISBN 978 - 7 - 200 - 10420 - 2

Ⅰ. ①人… Ⅱ. ①洪… Ⅲ. ①回忆录—作品集—中国
—当代 Ⅳ. ①I251

中国版本图书馆 CIP 数据核字(2013)第 318140 号

大家小书　医学家卷
人生命运选
RENSHENG MINGYUN XUAN
洪昭光　著

＊

北 京 出 版 集 团 公 司
北　京　出　版　社　　出版
（北京北三环中路 6 号）
邮政编码：100120

网　　址：www．bph．com．cn
北 京 出 版 集 团 公 司 总 发 行
新　华　书　店　经　销
北京金秋豪印刷有限责任公司印刷
＊
787 毫米×1092 毫米　　32 开本　　7.625 印张　　150 千字
2013 年 12 月第 1 版　　2016 年 7 月第 7 次印刷
ISBN 978 - 7 - 200 - 10420 - 2
定价：26.00 元
质量监督电话：010 - 58572393